Margery (Gred)

Eine Geschichte aus dem alten Nürnberg

(Band 5)

Georg Eber

(Übersetzerin: Clara Bell)

Writat

Diese Ausgabe erschien im Jahr 2024

ISBN: 9789359940571

Herausgegeben von
Writat
E-Mail: info@writat.com

Inhalt

KAPITEL I.

Der Reichstag in Nürnberg! – der Kaiseradvent!

Am nächsten Tag sollten Ihre Majestäten in die Stadt einziehen, und mit ihnen mein Hans.

Ein Bote hatte die Nachricht überbracht, und jetzt müssen wir alle Sorgfalt walten lassen; Ann und Elsa und ich sowie eine und zwanzig weitere waren unter allen Töchtern der verehrungswürdigen Herren des Rates ausgewählt worden, hinauszugehen, um den Kaiser und die Kaiserin mit Blumen und einer Ansprache zu begrüßen. Diese Ursula sollte sprechen, weil sie die Meisterin aller dieser Künste war; Ebenso war sie von Geburt an die Anführerin von uns allen, da ihre verstorbene Mutter die Tochter des großen Reynmar , Herrn von Sulzbach , war . Ann und ich müssen auch nicht weit nach den Blumen suchen. Der Garten der Hallers hatte keinen vergleichbaren in ganz Nürnberg, und meine lieben Schwiegereltern hatten versprochen, dass wir alles pflücken sollten, was wir für unsere Sträusse brauchten.

Oder wann immer ich mein Pferd bestieg, bekam ich die Nachricht, dass Herdegen und Junker Henning gestern Abend zu einem erbitterten Streit gekommen waren, ja, der beinahe zu Blutvergießen gekommen wäre; denn als mein Bruder das Lied zum Lob des einen Elselein gesungen hatte und der andere ihn aufgefordert hatte, den Namen von Ann anzugeben, hatte Herdegen gerufen: „Und wenn du die rothaarige Ann meinst, das Tapster-Mädchen am Blue Pike." , schön und gut!" Da sprang der Junker auf und warf Herdegen den Humpen, den er gerade geleert hatte, an den Kopf. Herdegen hatte sich geschickt geduckt und war mit dem Schwert in der Hand auf den betrunkenen Kameraden losgegangen; aber Herzog Rumpold hatte ein Wort eingelegt, und Junker Henning schien die Sache heute Morgen vergessen zu haben. Wahrlich, in Brandenburg kam es bei den Trinkgelagen der Herren und Herren häufig zu solchen Auseinandersetzungen, und bei Tagesanbruch war jeder Anstoß, den sie über Nacht in ihren Bechern begangen hatten, aus dem Gedächtnis verschwunden.

Mein Bruder wohnte wieder bei unserem Großonkel , während der Junker im Stadthaus des Waldstromers wohnte . Mein Herr Herzog fand im Hallerhof Quartier , und seine Hoheit, der Kurfürst, und Erzbischof Konrad von Mainz logierten dort ebenfalls mit großem Gefolge. Cousin Maud hatte sich darauf vorbereitet, den Markgrafen von Baden und den Grafen von Henneberg unter unserem Dach willkommen zu heißen. Das Obergeschoss von Pernharts Haus wurde seiner Eminenz Kardinal Branda überlassen, dem treuesten Freund von Meister Ulmans Bruder, dem Bischof, in Rom. Seine

Heiligkeit der Papst hatte diesen ehrwürdigen Prälaten als seinen Legaten zur Versammlung geschickt, und er feierte nun mit großer Würde die Messe in Anwesenheit Ihrer Majestäten und der versammelten Herren und Fürsten.

Bis heute ist mein Gedächtnis in jeder Hinsicht recht gut; und von dem, was auf diese Ereignisse folgte, ist mir noch vieles so klar und deutlich vor Augen, als ob ich es jetzt alles gesehen und gehört hätte; obwohl ich, eine alte Frau, am liebsten mein Gesicht in meinen Händen verbergen und darüber weinen würde. Denn obwohl es in jenen Tagen bestimmte Stunden gab, die mir süßes Liebesspiel bescherten, und andere voller Heiterkeit und Eitelkeit, ist der Geist des Menschen doch so gemildert, dass es ausreicht, ihn zu verdunkeln, wenn auf die größte Freude großer Kummer folgt ganz. Und so können wir die Schwere des Herzens mit dem Glockengeläut vergleichen, das dem Ohr weh tut, wenn es aus der Nähe erklingt, in der Ferne aber eine sanfte und andächtige Musik macht. Da ich nun das tiefste Leid meines Lebens schildern muss, ist der dreiste Tribut traurig und die längst verheilten Wunden schmerzen aufs Neue.

Diese zwei Monate des Reichstags! Sie liegen hinter mir wie ferne Hügel. Ich kann sie nicht mehr einzeln unterscheiden, obwohl bestimmte Wahrzeichen sozusagen deutlich zu erkennen sind, wie der Kirchturm, die Windmühle und die alte Eiche auf dem Hügelkamm am Horizont.

Wie die Nacht nach unserer Rückkehr aus dem Wald und am nächsten Morgen – dem 27. Juli im Jahr unseres Herrn 1422 – verging, kann ich mir nicht mehr erinnern; Aber ich kann mir jetzt vorstellen, wie ich mich am Nachmittag dieses Tages mit Ann auf den Weg machte, gekleidet in Seide und Spitze – ganz weiß und neu von Kopf bis Fuß, als wäre es eine Hochzeit –, um auf den offenen Platz zwischen St . Jakobskirche und das Deutsche Haus, innerhalb des Spitaltors. Wohin auch immer wir blickten, erblicken Sie Blumen, grüne Girlanden, Wandbehänge, Wimpel und Banner; Es war, als wären alle Gärten Frankens ihrer Blüte beraubt worden. Noch nie hatte man eine so mutige Show gesehen, und mit jedem Atemzug saugten wir den Duft der Blätter und Blüten ein, die in der Julisonne bereits verdorrten. An einen schöneren St.-Pantalon-Tag kann ich mich nie erinnern; Der Himmel selbst schien die Freude der Stadt zu teilen und war in makellosem Blau deutlich zu sehen. Ein leichter Wind milderte die zunehmende Hitze und trug dazu bei, dass sich die Fahnen und Banner entfalteten: Unsere schönen Kirchen waren überall mit Girlanden, Zweigen und Bannern geschmückt, und ich schien wie glückliche Bräute, die in festlichem Gewand auf ihre Hochzeit warteten. Der Marktplatz war ein Schauplatz großer Feste, der schöne Brunnen war eine mächtige Blumenlaube, und die Triumphbögen waren, so dachte ich, etwas, das die Götter des Waldes und des Gartens gemeinsam hätten errichten können. Jeder Balkon war reich geschmückt, und selbst die Giebel und Türmchen auf den Dächern zeugten von Tapferkeit. Alles war, soweit das

Auge reichte, bunt und blitzblank und strahlend hell. Die kleinste Scheibe im obersten Dachfenster glitzerte fleckenlos. Die Ärmsten trugen kostbare Gewänder; das Patriziervolk trug die Kleidung von Rittern und Adligen; Jeder Handwerker war gekleidet, als wäre er ein Ratsherr , jeder Gutsherr wie sein Herr. An jenem Tag hätte man geweint, dass es in Nürnberg nur reiche Leute gab. Die Perlenkränze der Mädchen glänzten in der Sonne und die goldenen Juwelen in ihren Pelzhauben; Und was kümmerten ihre Mütter die Hitze, als sie hin und her gingen , um die kostbaren Pelzturbane zur Schau zu stellen, die ihre Köpfe gleichsam mit einer Pracht aus Pelz krönten? Wie sorgfältig hatten sie die Kleinen angezogen! Sie sollten den Kaiser und die Kaiserin mit eigenen Augen sehen, und Ihre Majestäten könnten sie zufällig sogar sehen!

Bald sahen wir den Umzug der Zünfte mit ihren Geräten und Bannern; Noch nie waren sie so mutig hervorgetreten. Sie sollten in Reihen auf beiden Seiten der Straßen und des Highways einen langen Raum vor dem Tor bilden.

Endlich war es fast die Stunde, in der Ihre Majestäten eintreffen sollten. Wir Mägde hatten uns alle versammelt. Obwohl wir uns darauf geeinigt hatten, alle in Weiß zu kleiden, hatte Ursula ihre Kopfbedeckung mit Straußenfedern in Rosa und Himmelblau geschmückt; Richtig teure Federn waren das, aber über viele. Jetzt schaute sie in ihre Pergamentrolle, und für uns hatte sie kurze und wenige Worte. Der Blumenstrauß, den ihr Diener in scharlachroter Livree in der Hand trug, war von großer Schönheit; und Akusch und ein Gärtnerjunge kamen sogleich auf die Blumensträuße, die für Ann und mich im Garten der Hallers ausgesucht wurden. Wir und viele andere Dienstmädchen falteten vor lauter Freude die Hände, aber Ursula warf ihnen einen Blick zu, der, wenn er gekonnt hätte, den Rosen und orientalischen Lilien ihre Süße hätte rauben können.

Der Kaiser , so hieß es, werde sich an die festgelegte Stunde halten; dann begannen alle Glocken zu läuten. Ich kannte sie alle gut und eines gefiel mir am besten; die Benedicta in der St.- Sebald- Kirche, die vom alten Meister Grunewald, Meister Pernharts engstem Freund, gegossen worden war . Ihre dreisten Stimmen bewegten meine Seele und mein Herz, und plötzlich erklangen die Kanonen in der Zitadelle und auf den Wehklagen donnernd ein Willkommensgruß an den Kaiser , der die Sommerluft zerriss. Mein Herz schlug höher und schneller. Aber plötzlich kam es mir vor , als ob all der Mut der Stadt und das Feiertagsgras der Leute, das Läuten der Glocken und das Dröhnen der Kanonen nicht dazu gedacht waren, dem Kaiser Ehre zu erweisen , sondern nur meiner einzig wahren Liebe, die in der seinen kam Zug.

Alle meine Gedanken und Hoffnungen waren auf ihn gerichtet. Und als die Stadtpfeifer mit Trompeten und Pauken, Dudelsäcken und Hörnern anstimmten, als das ferne Murmeln und Stimmengewirr zu einem brüllenden Aufschrei und einem lärmenden Geschrei anschwoll, als aus jedem Mund an jedem Fenster der Ruf erklang: „Sie kommen!" – doch blickte ich nicht auf ihre Majestäten, denen der Tag und das Fest gehörten, sondern suchte nur den, der mir gehörte – mein Eigen.

Da sind sie! dicht vor uns. – Der Kaiser und seine edle Frau, Königin Barbara, die immer noch gute Tochter des großen ungarischen Grafen von Cilly .

Ja! und er scheint der Mann zu sein, der sechs Reiche regieren kann; würdig, an der Spitze der großen deutschen Nation zu stehen. Er könnte unter Tausenden als Kaiser und Sohn eines Kaisers bekannt sein! Wie gerade sitzt er im Sattel, wie jugendlich und doch brennt das Feuer in seinen Augen, obwohl er seinen fünfzigsten Geburtstag schon hinter sich hat! Übermut und Zufriedenheit spiegeln sich in seinem Aussehen wider; und mir scheint, er hat vergessen, dass er jemals den Landtag nach Regensburg einberufen hat, und betritt gegen seinen Willen die Tore Nürnbergs, weil die Kurfürsten und deutschen Fürsten beschlossen haben, sich dort zu versammeln. Seine Frau hat ebenfalls ein edles Aussehen und reitet auf einem weißen Zelter, der, während sie die Zügel zieht, versucht, seine rosa Nüstern zu drehen, um das braune Pferd zu begrüßen, auf dem ihr Herr reitet.

Doch bleiben meine Augen nicht lange bei dem herrschaftlichen Paar; Sie wandern den langen Zug der Ritter entlang, zu dem er kommt, wenn auch unter den Letzten. Für einen Moment ruhen sie sich auf den robusten Gestalten der ungarischen Adligen aus, die alle bis zum Geschirr der Rosse mit Juwelen glänzen; und wirf einen unbeachteten Blick auf die Kurfürsten und Fürsten, die Herzöge, Grafen und Ritter – alle in Samt und Seide, Gold und Silber; am Purpur und Scharlach der Prälaten; bei den feierlichen schwarzen und goldenen Ketten der Stadträte ; über und über den ganzen prächtigen Zug hinaus, der mit Seiner Majestät aus Ungarn gekommen ist oder losgefahren ist, um ihn zu treffen.

Daraufhin tritt Ursula vor, um die Ansprache zu halten; Aber eher kann ein Mann eine Grille in einem Gewitter hören als die Stimme einer Magd inmitten des Glockengeläuts, des Geschreis und der Willkommensrufe. Mir kommt es wahrlich so vor, als hätten die flatternden Taschentücher, die fliegenden Wimpel und die in der Luft geschwenkten Mützen eine Stimme gefunden; und Ursula dreht ihren Kopf hin und her, als suche sie Hilfe.

Kaiser Sigismund unterschreibt mit der Hand, und die beiden Herolde, die den Zug anführen, erheben ihre Trompeten mit reich bestickten Bannern. Ein rasselnder Windstoß sorgt für Stille: In einem Moment ist es, als würde Öl auf ein wogendes Meer gegossen. Männer und Waffen werden zum Schweigen gebracht; Die einzigen Geräusche, die zu hören sind, sind die ehernen Zungen der Glocken, das Wiehern eines Pferdes, das dumpfe Murmeln von Männerstimmen in den fernen Gassen und Gassen und die klare Stimme einer jungen Magd.

Ursula hielt ihre Rede, ihre Stimme war zuletzt so laut, dass es den Anschein hatte, als seien die honigsüßen Verse Worte des Tadels. Das kaiserliche Paar warf einander einen Blick zu, der eher Überraschung als Freude ausdrückte, und richtete dem Redner ein paar Dankesworte. Seine Majestät sprach auf Deutsch; aber in seiner böhmischen Heimat und im ungarischen Königreich hatte er den Trick eines schärferen Akzents als bei uns entdeckt.

Ein Kammerherr gab nun das Zeichen, und wir Jungfrauen gingen alle auf unseren souveränen Herrn und unsere souveräne Dame zu. Zwei und zwei – Tucher und Schilrstab – Groland und Stromer ; und das sechste Paar waren Ann und ich – Ann als Tochter eines Ratsmitglieds – und neben ihrem süßen Gesicht war es mein Pate, der am meisten dazu beigetragen hatte, dass sie ausgewählt wurde.

Edle Jünglinge, die als Pagen in Samt und Seide gekleidet waren, hatten die von den Jungfrauen gespendeten Blumen entgegengenommen; Aber als Ann und ich auftraten, blickten der Kaiser und die Kaiserin auf uns herab. Ich konnte sehen, dass sie uns gnädig ansahen und sie miteinander in einer Sprache sprechen hörten, die ich nicht kannte; und Porro , der Narr des Königs – und ich sage der Narr des Königs, da Sigismund erst später in Rom zum Kaiser gekrönt wurde, und aus dem gleichen Grund wurden zu dieser Zeit auch die Brüder meines Hans, Paul und Erhart , getauft Ritter – Porro , der an der Seite seines Herrn auf einem gescheckten, schwarz und gelb gefleckten Pony ritt, rief: „Mögen wir alle in Drohnen verwandelt werden, Nunkey , wenn die Blumen, die dieser Stadt den Namen Bienengarten gegeben haben, es nicht sind.“ von der gleichen Familie und Verwandtschaft wie diese!“

Und er zeigte auf uns; Daraufhin fragte ihn der König, ob er die Jungfrauen oder die Sträußchen meinte. Aber der Narr, der fröhlich auf seinem Gaul herumrollte, bis die Glöckchen in seiner Mütze erneut läuteten, antwortete ihm: „Nein, Nunkey , würdest du einen Christen dazu verleiten, auf dem Eis zu gehen? Und wenn ich die Jungfrauen sage, dann werde ich es tun.“ geraten Sie aufgrund Ihrer strengen Moral in Schwierigkeiten; aber wenn ich die Posies sage, werde ich die Gesundheit meiner armen Seele durch eine üble Lüge gefährden.

„Dann wähle eine andere Form für dich“, sagte die Königin, „denn ich fürchte, die Bienen könnten dich für eine stechende Wespe halten, Porro .“

„Wahr, bei meiner Treue“, sagte der Narr nachdenklich. „Seit Eva in Sünde gefallen ist, ist der Rat der Frauen oft der beste. Du, Nunkey , sollst in einen

Schmetterling verwandelt werden und nicht in eine Drohne, und die Blumen zieren, während du um sie herum flatterst."

Und er schwenkte seine Arme, als wären sie Flügel, und ritt auf seinem Pony mit der richtigen fröhlichen Haltung um uns herum, wie eine Motte, die über uns flatterte. Ann blickte nach unten, errötete vor Scham, und das Blut stieg mir ebenfalls aus mädchenhafter Schüchternheit in die Wangen; Dennoch hörte ich die tiefen, seltsamen Töne des Königs und die angenehme Stimme seiner edlen Frau, und sie lobten unsere Posies und erkundigten sich nach unseren Namen und forderten Ann und mich eindringlich auf, nicht zu versäumen, bei jedem Tanz und jedem Bankett zu erscheinen; und ich erinnere mich, dass wir mit angemessener Bescheidenheit antworteten, bis der Großmeister des Königs kam und so unsere Rede beendete.

Und ich glaube, ich kann die Menge kommen sehen; Die bunten Farbtöne von Samt und Seide, die Gehäuse und Bewaffnung der Pferde, der helle Glanz von poliertem Metall und das Funkeln von geschliffenen Edelsteinen blenden meine Augen, glaube ich, bis heute. Aber plötzlich verschwindet alles im Dunkeln; die Schreie und Stimmen, die Glocken, das Wiehern, das Krachen und Klappern sind still – denn er ist gekommen. Er wedelt mit der Hand, freundlicher , wahrhaftiger und mir lieber als je zuvor. Aber nicht hier treffen wir uns wirklich wieder; diese Freude soll später in seinem eigenen Garten kommen.

Dieser Garten könnte bereits die Geschichte zweier glücklicher menschlicher Geschöpfe erzählen und von Stunden reinster Glückseligkeit, die zwei jungen Herzen jemals geschenkt wurden; aber was danach geschah, erinnere ich mich an helle, heiße Sommertage voller Fröhlichkeit und Schauspiel, von Turnieren und höfischen Sportarten, von Musik und Gesang, Tanz und Vergnügen. Die gnädige Gunst des Königs und der Königin und die Anwesenheit vieler Fürsten hörten nicht auf, es zu schmücken, und stiegen in unser Gehirn wie berauschender Wein. Dinge, die bisher unmöglich erschienen, wurden nun wahr. Aus reiner Freude über diese berauschenden Freuden und wegen der vielfältigen Anforderungen , die in diesen überlasteten Tagen auf uns zukamen, vergaßen wir diejenigen, die uns am Herzen lagen. Dennoch war ich weder vor noch nach dieser Zeit der Selbstsucht verfallen.

Anns Verführung des Junkers, die Huldigungen, die ihr von allen, auch den höchsten, erwiesen wurden, Herdegens brodelnder Zorn, sein Streben, die Gunst der Magd zurückzugewinnen, die er beleidigt hatte, sein seltsames, abwechslungsreiches und selbstherrliches Verhalten, sein schamloses Verhalten Ursula, der er in Anwesenheit meines Großonkels großen Hof machte, auch wenn er ihr zu anderen Zeiten finstere Blicke zuwarf, als wäre sie eine Feindin – das alles gleitet wie im Nebel an mir vorbei und geht mich nur wenig an. Dann, inmitten dieses Aufruhrs und dieser Pracht, dieser Liebe und königlichen Gnade, kam es mir ab und zu vor, als wäre ich plötzlich allein und verlassen; sogar beim Turnier oder Tanz; ja, selbst wenn der König und die Königin sich bereit erklärten, mit mir zu sprechen, würde ich von Sehnsucht nach Frieden und stillen Stunden erfüllt sein – ungeachtet der Tatsache, dass der mächtige Herrscher selbst Freude daran hatte, mich zu befragen und mich zu den schnellen Antworten zu bewegen, auf die ich nie eine fand Mangel. Königin Barbara lud mich oft in ihr Gemach ein und behielt mich stundenlang bei sich; Manchmal wurde auch Ann eingeladen, und sie schenkte uns beiden viele kostbare Juwelen.

Dann, kaum hatten wir das Schloss verlassen, in dem Ihre Majestäten logierten, müssen wir an unsere eigenen edlen Gäste denken; denn Markgraf Bernhard von Baden, der bei uns einquartiert war, fragte oft nach mir, und Kardinal Branda wünschte Ann, ihn zu begleiten. Den größten Teil unserer Tage verbrachten wir damit, unsere Personen zu organisieren, und während Cousine Maud und Susan mich anzogen , dachte ich bereits daran, das Unkraut, die Bänder und die Federn vorzubereiten, die wir für den nächsten Tag brauchten. Mein Hans war jetzt ein Ritter. Die gleiche Ehre wurde Herdegen versprochen – Ehre auf Ehre, Vergnügen auf Vergnügen, Tapferkeit und Zurschaustellung! Anstelle unserer alten Sonne schienen mir zwanzig am Himmel zu strahlen. Manchmal war es, als ob mein Atem so leicht ging, dass ich in der Luft schweben konnte, und dann wieder bedrückte mich eine Albtraumlast. Selbst die ganze Nacht hindurch, in meinen Träumen, hörten die Klänge der Musik und des Gesangs nicht auf; aber als ich aufwachte, stellte sich mir die Frage: „Wozu dient das?“

Hans hatte das Ruder in der Hand und war immer derselbe, nachdenklich und doch wirklich liebevoll. Er vergaß auch nie, auf die Sicherheit der Rinde zu achten, und wenn ihm das Tempo zu schnell erschien oder er vor sich Steine sah, tat er seinen Teil und beschützte mich ebenfalls mit treuer Sorgfalt vor unachtsamem Benehmen oder Übermüdung. Margery, die Unbesonnene, die überall gesucht wurde und jederzeit im vordersten Rang stand, tat auf Geheiß des Königs und der Königin ihr Bestes in allen Punkten, und es geschah nichts , was sie verletzen oder betrüben konnte – und sie wusste genau, wen das hatte sie zu verdanken.

Ebenso mit Freude stellte ich fest, dass mein Geliebter die Begeisterung des Junkers im Zaum hielt, denn er hätte Ann so gern umworben, als wäre er ihrer Liebe sicher; und Hans forderte meinen Bruder Herdegen auf , sich wie ein Mann zu verhalten und diesem Doppelspiel ein Ende zu bereiten, indem er sich ein für alle Mal für Ann oder Ursula entschied.

Im Wald hatte Onkel Conrad diese edle Gesellschaft in die Loge eingeladen. Nachdem die Jagd beendet war, gingen wir noch einmal in den Garten des

Bienenzüchters Martin, auf Wunsch des Herzogs Ernst von Österreich, des Grafen Friedrich von Meißen, meines Herrn Bischofs von Lausanne und anderer edler Herren Sehen Sie einige der berühmten Imkerhütten in unserem Lorenzer -Wald. Mein Onkel selbst ging voran, und Herdegen half ihm, die Ehre zu erweisen.

Plötzlich, als er übereilt einen Bienenstock öffnete, stachen einige Bienen seine Hand schwer; Ich rannte zu ihm und zog die Stacheln heraus. Ann war in meiner Nähe, und Herdegen versuchte, ihr in die Augen zu sehen, und sang mit leiser Stimme eine Strophe eines Liedes, das tatsächlich traurig und seltsam klang, etwa so:

„ Augustho Pirlin pcodyas .

Daraufhin fragte Ann ihn, in welcher Sprache er spreche; denn es war ihr nicht bekannt. Er erwiderte jedoch, dass ihr das mit Gewissheit bekannt sei, und als sie ihn, noch zweifelnd, ansah, lachte er bitter und sagte, er könne nur zufrieden sein, wenn sie den Klang dieser Worte vergessen hätte, insofern für ihn waren sie mit dem ersten großen Kummer verbunden, den er erlebt hatte.

Ich sah, dass sie sich unwohl fühlte; Aber als sie sich abwandte , hielt er sie zurück, um die Worte auf Deutsch zu übersetzen, und sagte die Worte mit so dumpfer und leiser Stimme, dass ich ihn kaum hören konnte, während er mit der Spitze seines Schwertes die Erde aufwühlte, um etwas darauf zu verteilen seine geschwollene Hand.

„Eine widerspenstige Biene hat meine Hand gestochen;
Mutter Erde wird die Klugen heilen. Aber wenn ich unter dem Rasen liege, sag: Wird sie mein gebrochenes Herz heilen?“

Dann sah ich, dass Ann blass wurde, als sie etwas steif sagte: „Es gibt noch andere Mittel für dich, auch gegen das Schlimmste!“ und er antwortete: „Aber du, Ann, wirkst das beste Heilmittel.“

Mittlerweile war sie wieder sie selbst und antwortete, als ob es ihr egal wäre: „Ich habe sie von einem geschickten Meister gelernt . – Aber in welcher Sprache ist dein Lied, Junker Schopper , und wer hat dir das beigebracht?“

Worauf er hastig antwortete: „Eine dunkelhäutige Zigeunerin.“

Und sie fasste allen Mut und sagte: „Wen hast du vielleicht einmal hier im Wald getroffen?“ Herdegen schüttelte seinen lockigen Kopf, und seine Augen blitzten liebevoll, als er sprach: „Nein, Ann, und bei allen Heiligen ist es nicht so! Ich habe es von einer Zigeunermutter gelernt; sie sang es einem Mann in Verzweiflung vor – in Verzweiflung um deinetwillen, Ann – im Wald von Fontainebleau.

Daraufhin schüttelte Ann den Kopf und bemühte sich, leicht zu sprechen, als sie sagte: „Verzweiflung! Bist du nicht wie der Mann in der Fabel, der glaubte, er sei verbrannt, während er einen anderen ins Feuer geworfen hatte? Die Mütze passt, finde ich, Junker Schopper ." "

Er antwortete traurig, und in seiner Stimme lag echte Trauer: „Ist ein harter Scherz alles, was du mir jetzt zu sagen hast?" sagte er: „Nein, dann sag es mir deutlich, Ann, wenn es für mich keine Hoffnung mehr gibt."

„Keine", sagte sie fest und hart. Aber sie fügte sanfter hinzu. „Keine, Herdegen , überhaupt keine, solange nur ein einziger Faden ununterbrochen bleibt, der dich an Ursula bindet."

Daraufhin trat er nah an sie heran und rief in großer Rührung: „Sie, sie! Ja, sie hat tatsächlich ihren teuflischen Goldfaden um mich geworfen, um alles Eitelkeit und Niedrige in mir zu umgarnen; aber sie hat keinen Platz mehr darin." Mein Herz ist größer als das dieser Bienen. Und wenn du – wenn mein guter Engel nur wieder mein sein will , werde ich „ Seite " schreien – ich zerreiße ihre Mühen."

Er hielt inne, denn einige Damen und Herren kamen näher, allen voran Ursula; Ja, und ich kann mir vorstellen, wie sie jetzt ihren Handschuh auszieht und sich bückt, um etwas Erde aufzusammeln, um sie auf die brennende Hand des Mannes zu legen, den sie in Wahrheit liebte, während er sich bemühte, ihr zuvorzukommen und einen solchen Dienst nicht anzunehmen. Diese Nacht blieben wir in der Hütte, und Ursula hatte wieder das Zimmer neben unserem; und wieder hörte ich, wie sie an ihre Heiligen appellierte, während Ann mir mit leisem Flüstern ihr überströmendes Herz ausschüttete und mir bald weinend und bald lachend gestand, wie viel sie ertragen hatte und wie sehr sie einmal zu hoffen begann mehr.

KAPITEL II.

Unser Großonkel und Vormund, der alte Ritter Im Hoff, hatte sich, so lange ich mich erinnern konnte, immer wie ein Büßer erniedrigt, seine Nächte, ohne viel zu schlafen, in einem Sarg verbracht und den Löwenanteil seines großen Vermögens gegeben Einnahmen für fromme Werke, um ihm die Tore des Himmels zu öffnen; aber was für eine Veränderung wurde durch die Ankunft des Kaisers in ihm bewirkt ! Dieser Mann mit geradem Rücken und steifem Hals , der seinen Kopf nie gesenkt hatte, außer in der Kirche und vor den Heiligenbildern, lernte nun, sich zu bücken und zu beugen. Sein blutleeres Gesicht, das schon lange nicht mehr lächelte, war nun die Heimat des Lächelns. Sein großes Haus war gefüllt, denn dort wohnten Herzog Ernst von Österreich, der ungarische Graf von Gara – der durch seine Frau dem Kaiser nahe stand , und der treue Sekretär Seiner Majestät, Kaspar Slick, und ihr gesamtes Volk. Und sobald einer von ihnen kam, erhellte ein Schimmer wie Sternenlicht seine alten Gesichtszüge, oder, wenn ihm der Herrscher gewährte, ihn zu begleiten, war es der breite Sonnenschein, der ihn erleuchtete. Und während die anderen Herren des Rates, erbliche und gewählte, immer bereit waren, einem einfachen Arbeiter die Hand zu schütteln, ihren Majestäten oder den Herzögen und Honoratioren gegenüberstanden, aufrichtig und sich ihres eigenen Wertes gebührend bewusst, meine Güte Der Vormund würde sowohl seine Würde als auch seine Würde ablegen; und wahrlich, wir wussten alle genau, zu welchem Zweck. Er, der durch die Tochter eines Barons um sein Lebensglück gebracht worden war, sehnte sich danach, den König dazu zu bewegen, ihn in den Rang eines Barons zu erheben. Er überhäufte den Minister Slick mit Geschenken und Gefälligkeiten, und als er sah, dass Seine Majestät sich gnädig gefreut hatte, mir, seinem Mündel, zuzulächeln, gab er sich große Mühe, mir zu schmeicheln, indem er mich sein „goldenes Haar" oder „Blauäugig" nannte; und gebiete mir, dass ich ihn dem König gegenüber als den treuesten Diener Seiner Majestät erwähnen solle, der in seinem Dienst stets zu jedem Opfer bereit sei, während er gleichzeitig grinsend fragte, wie es mir Freude bereiten würde, Herdegens Besuch zu hören der Name und Titel des Barons von Schopper-Im Hoff?

Unser eigener ehrlicher und ehrenhafter Name war für uns drei gut genug; Doch um meines Bruders und um Anns Willen schwieg ich und nutzte die Gelegenheit, während er in so freundlicher Stimmung war, ihn zu drängen, Herdegen freizulassen und ihm zu erlauben, eine andere als Ursula zu wählen. Aber wie zornig wurde er, wie hastig legte er die eisige, abweisende Haltung an, die er zu tragen pflegte, als er mich für einen eigensinnigen Einfaltspinsel hielt, der das Wohl ihres Bruders zerstören würde!

Es war jetzt der Tag der heiligen Susannah – [11. August] – wir wurden zum Turnier eingeladen. Herzog Ernst von Österreich hatte Herzog Kanthner von Oels in Schlesien herausgefordert, ihn in den Listen zu treffen, und neben dem zu erringenden Ruhm gab es einen Preis von sechzig und vier Goldstücken. Auch andere Ritter traten im Ring an.

Königin Barbara hatte mich durch ihre Gnade gebeten, mit ihren Damen zu erscheinen. Am Turnierplatz fand ich Ann; Ihre Mutter war zu Hause geblieben, weil die alte Mutter krank war. Mein treuer Onkel Christian Pfinzing , der als Vertreter des Stadtrates den Kaiser und die Kaiserin auf der Burg bewirtete, hatte seine „liebe Wächterin" hierher gebracht und sie in die Obhut gewisser mütterlicher Damen gegeben. Als Ann plötzlich den Moment sah, in dem sie mit mir sprechen könnte, sagte sie mir ins Ohr: „Ich werde diesen Sport beenden, Margery; ich kann ihn nicht länger ertragen. Er hat geschworen, auf alles und jeden zu verzichten, was uns trennen könnte!" Für mehr blieb keine Zeit. Jeder musste seinen Platz einnehmen. Ihre Majestäten waren noch nicht angekommen, und es war noch Zeit, sich umzusehen.

Die Listen lagen mitten auf dem Marktplatz. Die Bänke waren mit Vorhängen geschmückt, die Herren und Damen, die sie füllten, die wehenden Federn, das Funkeln von Juwelen, das Glitzern von Gold und Silber, der Glanz von Seide und Samt, das Gedränge des einfachen Volkes, Kopf über Kopf oben Orte, die Musik und der Aufruhr, ja sogar der Geruch der Pferde wohnen noch immer in meiner Erinnerung; Dennoch liegt es mir fern, über Dinge zu schreiben, die den meisten Menschen wohlbekannt sind.

Dann kam mein Großonkel heraus. Er hatte Ursula auf dem Arm, als er durch das Tor in die Listen und über den Sandring zu seinem Platz auf der anderen Seite ging. Das war in Wahrheit verboten, aber der alte Mann widersetzte sich unerschrocken den Regeln, und was Ursula betraf, freute sie sich sehr, wenn man sie anstarrte. Der alte Ritter lächelte; Wie stattlich war seine Miene, und wie gut standen ihm der silberne Brustpanzer und der goldene Löwe, der auf dem I zu sehen war Hoffs ! Dieser Helm und die Brustplatte waren für seinen besonderen Zweck aus feinstem Silber- und Goldblech geschmiedet worden und eigneten sich besser dazu, die Spitze meines Federmessers zu drehen als die von Schwert und Lanze. Dennoch bewunderte mancher den tapferen Gang des alten Mannes in seinem schweren Geschirr. Sogar Tetzels stumpfes Gesicht war weniger stumpf als sonst, und Ursulas Augen funkelten, als hätte ihr Ritter den Preis erbeutet.

Plötzlich sah mein Großonkel, wo ich saß, und winkte und verbeugte sich vor mir, als hätte er mir eine gute Nachricht zu überbringen. Tetzel tat es ihm gleich und wirkte wie der blasse, schleichende Schatten des alten Mannes. Ursulas triumphierende Augen verkündeten, dass sie nun tatsächlich ihr Ziel erreicht hatte; Auch der dümmste Witzbold würde ihren Sinn vielleicht nicht verkennen. Trotz Ann hatte Herdegen Ursula seinen Treu geschworen. Die Listen und Sitze wirbelten , so schien es mir, in einem Labyrinth um mich herum, und kaum hatten sie sich sozusagen wieder beruhigt, als Cousine Maud sich schwerfällig auf ihren Platz setzte und mir durch ihr Gesicht bewusst machte, dass etwas Großes geschehen war; denn ab und zu zog sie die Wangen ein und schürzte die Lippen, als würde sie am liebsten ein Licht ausblasen. Als ich sie ansah, zeigte sie heimlich mit ihrem Fächer auf Herdegen und Ursula und zuckte mit den Schultern so hoch, dass ihr großer Kopf mit dem großen gefiederten Turban zwischen ihnen sank. Und wenn es in ihrer Brust Wogen und Zorn gab, so war es in meiner nicht weniger. Allerdings musste ich den Anschein von Zufriedenheit, ja von Freude vermitteln, denn das Königspaar hatte mich an ihre Seite gerufen und es war meine Aufgabe, ihnen alles zu erklären, was sie wissen wollten.

Ein sonniger blauer Himmel beugte sich über den Boden; Allerdings zogen dunkle Wolken aus dem Westen auf und es fiel mir schwer, die Fragen Ihrer Majestäten angemessen zu beantworten.

Während die Pferde scharrten und wieherten und die Lanzen auf den Schilden rasselten, ja, selbst als die Herzöge von Österreich und Schleswig aufeinander stürzten und der Österreicher seinen Feind vom Pferd warf, blickte ich kaum auf den Turnierplatz, auf den alle anderen Augen blickten waren fixiert, als ob sie von Ketten und Fesseln gehalten würden. Meins stand an der Stelle, wo Ursula und Ann saßen, und mit ihnen der junge Ritter aus Brandenburg, Herr Apitz von Rochow , und mein Bruder Herdegen . Junker Henning hatte seinen Teil zum Turnier beizutragen. Für Rochow war das Turnier alles in allem; Herdegen blickte Ann nur an. Sie erwiderte zwar nichts, aber dennoch richtete er seinen Blick auf sie und sprach mit ihr. Ursula war blasser geworden, und es schien mir , als hätte sie nur Augen für ihn und seine Taten. Was in den Pausen des Kippens vor sich ging, konnte ich nicht erkennen, da meine Augen und Ohren allein denen ihrer Majestäten galten.

Nun sprangen zwei weitere Ritter hervor. Was kümmerte es mich, welcher Nation sie angehörten, welche Waffen sie trugen und was sie und ihre Pferde tun würden; Ich musste an etwas anderes denken. Ursula und ich hatten schon lange Krieg geführt, aber heute empfand ich nichts als Mitleid mit ihr, und tatsächlich brauchte sie an diesem Tag, als sie glaubte, den Sieg errungen zu haben, mehr Mitleid als damals, als sie den Himmel so sehr darum gebeten hatte Gewähre ihr Herdegens Liebe, denn mein Bruder saß da und flüsterte Ann zu, die Hand auf dem Herzen. Und Ann selbst hatte jeden falschen Eindruck beiseite gelegt; und während sie mit sanfter Leidenschaft in die Augen ihres Geliebten blickte, saß Ursula da und beugte ihren Fächer, als wollte sie ihn zerbrechen.

Der Gedanke an Ursula als Herrscherin unseres Hauses und an Ann, die vor Herzkrankheit schmachtete, war ein grausamer Kummer, und doch waren diese beiden Dinge fast weniger schwer zu ertragen als die schamlose Flatterhaftigkeit und das seltsame Verhalten meines edlen Bruders, des Stolzes meines Herzens.

Der Stadtrat hatte achthundert Gulden für König Sigismund und vierhundert für die Königin gestimmt; zweihundertdreißig für Porro , den Narren, und große Geschenke an viele der Adligen und Ritter als kostenlose Gabe der Stadt; Und jetzt, in einer Pause im Turnier, verkündete Seine Majestät seine große Freude über die treue, großzügige und überfließende Hand, die ihm seine gute Stadt Nürnberg reichte, die seinem verstorbenen geliebten Vater, König Karl, immer am Herzen gelegen hatte. Und dann zeigte er auf die Herren des Rates, die mit ihren langen, wallenden Haaren und Bärten, ihren dunklen Samtgewändern mit feinem Fell und den dünnen Goldketten tatsächlich einen guten und ehrfürchtigen Eindruck machten; und er sprach von ihrem edlen und ehrenhaften Handeln. Ich hörte ihn sagen, dass jeder von ihnen als gemeinsamer Herrscher mit ihm über das, was ihm gehörte, und ebenso in größeren Angelegenheiten respektiert werden sollte. Jeder war seinesgleichen an männlicher Tugend und der würdige Partner seines kaiserlichen Ichs. Dann zeigte er der Königin einige edle und gute Häupter, und es war meine Aufgabe, alles bekannt zu geben, was ich über ihre Besitztümer und ihre Handelsweise sagen konnte. Die Hallers waren ihm gut bekannt und nicht nur meine liebsten, da sie großen Handel mit seinem Königreich Ungarn trieben; und er war sehr erfreut, meinen Hans mit seinem Vater als Mitglied des Rates zu sehen .

Seine gnädige Frau war erfreut, die gute Ordnung, Sauberkeit und Bequemlichkeit Nürnbergs mit den Städten ihres Heimatlandes zu vergleichen. Obwohl sie bereits in einigen unserer besten Häuser und sogar in unserem eigenen gewesen war, sprach sie gut über den Reichtum, die Kunst und das Können in allen Handwerken der Nürnberger und sagte, dass sie bisher auf der ganzen Welt ihresgleichen hätten wie sie wusste. Und dann brachte sie noch einmal ihre Freude über die ehrenhafte Art der Ratsmitglieder zum Ausdruck und stellte mir viele Fragen zu diesem und jenem und unter anderem zu Meister Ulman Pernhart . Das königliche Paar markierte auf dem einen seine edle Stirn, auf dem anderen sein langes, wallendes Haar, auf dem dritten sein scharfes und kluges Auge, bis König Sigismund schließlich seinen Narren Porro fragte , für welchen von allen Köpfen in den Reihen gegenüber er sich entscheiden würde Sei der Klügste und Gewichtigste. Die funkelnden Augen des Narren blickten die Reihen des Volkes entlang, und als sie plötzlich auf die kleine Dame Henneleinlein fielen , die Honigfrau, die wie es ihre Gewohnheit war, den Kopf auf die Hände gestützt, nahm er das Wort des Königs auf und antwortete im gespielten

Ernst: „Wenn ich mich nicht täusche, ist es die Butterblumenkönigin, Nunkel
, da ihr Kopf so schwer ist, dass sie ihn gern mit beiden Händen hochhält.“

Und er zeigte mit seinem Schmuckstück auf die alte Frau, die sich als Witwe
des Bienenmeisters kühn in die vorderste Reihe der Ritter gedrängt hatte; und
da saß sie in einem Kleid aus leuchtend gelbem Brokat, das Cousine Maud
ihr einst geschenkt hatte, streckte ihren langen Hals und stützte ihren Kopf
auf ihre Hände. Der König und die Königin blickten, wohin der Narr zeigte,
als sie statt eines stattlichen Rats eine kleine alte Frau erblickten , und lachten
laut; aber der Narr verneigte sich ganz demütig vor der Dame, und sobald sie
merkte, dass die Augen seiner Majestät und seiner gnädigen Dame auf sie
gerichtet waren und dass ihre dürftige Person der Gegenstand ihrer Achtung
war, bildete sie sich ein, dass ich es getan hätte Vielleicht nannte sie sie Anns
Cousine oder die Witwe des verstorbenen Bienenmeisters, der vor vielen
Jahren den Kaiser Karl zu den Bienengärten geführt hatte, und so erwies sie
ihr immer wieder ihre Ehrerbietung und legte inzwischen noch tiefer ihren
Kopf nieder und mehr auf der einen Seite, immer stärker auf ihre Hand
gestützt, bis der König und die Königin lauter lachten als je zuvor und
mancher merkte, was da vor sich ging. Der Mundschenk und der
Kammerherr zogen lange Gesichter, und Porro beendete den Scherz
schließlich, indem er die alte Frau mit einer so dämlichen Begrüßung
begrüßte, wie man es sich als Ehre nicht vorstellen konnte. Die schlaue kleine
Frau sah nun, dass man sie aufs Korn nahm, und obwohl nicht nur Ihre
Majestäten, sondern der ganze Hof um sie herum Partei ergriff, und sie sah,
dass ich in ihrer Mitte war, glaubte sie, ich sei ganz unten von ihrem Unheil
und warf mir solche rachsüchtigen Blicke zu, die mich vor dem
bevorstehenden Bösen warnten.

Nach diesem Turnier sollte ein großer Tanz in der Waffenschule stattfinden,
zu dem ihre Majestäten mit allen Fürsten, Rittern und Würdenträgern des
Reichstags sowie den Patriziern der Stadt eingeladen waren. Am nächsten
Tag, dem Tag der Heiligen Clara, würde es im Haus der Tetzels ein großes
Fest geben , denn es war der Namenstag von Dame Clara, Ursulas
Großmutter und der ältesten ihrer Verwandten. Bei diesem Bankett sollte
Herdegens Verlobung allen ihren Freunden und Verwandten bekannt
gegeben werden – das flüsterte mir mein Onkel zu, als er nach dem Turnier
zum König ging, der ihn holen ließ. Der alte Mann hatte nichts von
Herdegens Machenschaften mit Ann gesehen, weil er und der alte Tetzel
beide auf derselben Seite der Liste gesessen hatten und die hohen Helme und
Federn die jungen Leute vor seinen Blicken verborgen hatten. So strahlten
Sicherheit und Zufriedenheit noch immer in seinen Augen.

Das Turnier hatte lange gedauert. Ich hatte kaum Zeit genug, mein Gras für
den Tanz zu wechseln. Bis zum heutigen Tag hatte ich wie ein Fisch in diesem
Strom aus Aufruhr und Vergnügen getobt; aber heute war ich müde. Mein

Körper und mein Geist schmerzten, und ich wäre am liebsten zu Hause geblieben ; Aber ich dachte an die Königin, die, obwohl sie so viel älter war und von allen beobachtet wurde – von denen jeder erwartete, dass sie gnädig sein würde –, in ihrem schweren königlichen Gewand all das durchmachte, worüber ich so müde war.

Inzwischen war ein großer Sturm über uns hereingebrochen und über uns hinweggezogen; Alle Geschöpfe wurden erfrischt, und auch ich hob meinen Kopf und atmete freier. Die Fechtschule – ein großer quadratischer Saal, wie er auch heute noch ist, mit rundherum Plätzen, auf die die Leute blicken konnten – war taghell erleuchtet. Mein Geliebter und ich, jetzt wieder guten Herzens, schritten durch den polnischen Tanz, der vom König und der Königin angeführt wurde. Anns Mutter war gezwungen gewesen, zu Hause zu bleiben und sich um die alte Mutter des Herrn zu kümmern, und meine Freundin stand unter dem Schutz von Cousine Maud. Sie wurde von Junker Henning zum Tanz geführt; sein Landsmann, Sir Apitz von Rochow , ging mit Ursula spazieren und umwarb sie mit ungebrochener Begeisterung. Franz von Welemisl , der wie ihr Schatten zu schleichen pflegte und erneut Gast im Haus der Tetzels war , war durch den Husten, der ihn plagte, im Haus gehalten worden. Ebenso vergeblich suchte ich nach Herdegen .

Der erste Tanz war tatsächlich zu Ende, als er mit meinem Großonkel hereinkam; aber der alte Ritter sah weniger zuversichtlich aus als am Morgen.

Ann war blass, aber ich schien schöner als je zuvor in einem Kleid aus granatapfelrotem und weißem Brokat, das ihr der Bruder ihres Stiefvaters, Mylord Bishop, durch die Hand von Kardinal Branda aus Italien geschickt hatte. Kaum hatte ich angefangen, mit ihr zu reden, wurde sie von Junker Henning entführt, und im selben Augenblick kam mein Großonkel auf mich zu und fragte, wer dieses schöne Mädchen von so edler Schönheit sei, mit dem ich gerade sprach . Er hatte Ann bisher noch nie in der Nähe gesehen, und wie froh antwortete ich, dass dies die Tochter von Pernhart , dem Stadtrat , und sie sei, der Herdegen seinen Glauben geschenkt hatte.

Der alte Mann war erschrocken und voller Zorn, doch angesichts all der netten Leute um uns herum musste er sich zurückhalten und ging sofort.

Das Fest ging weiter und ich sah, dass Herdegen zuerst mit Ursula und dann mit Ann tanzte. Dann standen sie still neben den Blumensträuchern, die rund um den Saal aufgestellt waren, um ihn zu schmücken, und an ihrem Benehmen hätte man erkennen können, dass sie sich gestritten und zu hochmütigen Worten gekommen waren. Am liebsten wäre ich zu ihnen gegangen, aber die Königin hatte mir geboten, bei ihr zu bleiben, und hörte nicht auf, mir hundert Fragen zu Namen und anderen Angelegenheiten zu stellen.

Endlich, oder wann immer es Mitternacht war, reisten Ihre Majestäten ab. Ich atmete freier, legte meine Hand auf den Arm meines Hans und wollte ihn bitten, mich nach Herdegen zu bringen und meine Meinung auszusprechen, aber mein Bruder hinderte mich, als es fiel, daran. Er kam auf mich zu und mit was für einer Miene! Seine Augen blitzten, seine Wangen brannten, seine Lippen waren zusammengepresst. Er gab mir und Hans ein Zeichen, ihm zu folgen, wohin er ging, und bat uns dann leidenschaftlich, dass wir mit ihm und seiner Liebsten, das war Ann, für eine Weile vom Tanz Abstand nehmen würden. Eine solche Bitte überraschte uns sehr, doch als er uns sagte, dass sie mit ihm nirgendwohin gehen würde, außer unter unserer Obhut, und dass alles davon abhing, dass er noch in dieser Stunde erfuhr, wie er zu ihr stand, taten wir seinen Willen. Und er erzählte uns auch, dass er meinem Großonkel und Jost Tetzel an diesem Morgen zwar nicht sein Wort gegeben, sondern nur sein Wort gegeben hatte, dass er ihnen am nächsten Tag seine Antwort geben würde.

Und so schlichen Hans und ich uns hinter den beiden hinaus auf die Straße. Ich für meinen Teil war sehr zufrieden und dankbar, und als wir sahen, wie sie sich gegenseitig beharrlich anklagten und antworteten, lachten wir und waren uns einig, dass Tante Jacobas Rat zu einer guten Sache geführt hatte; und ich sagte meinem Hans, dass ich selbst eine Lektion aus all dem ziehen und die klugen Junker und Ritter nach Herzenslust mit mir schlafen lassen sollte, falls ich jemals dazu bewegt werden sollte, ihm einen wirklich dummen Streich zu spielen.

Als wir viele Male auf dem Weg zum Haus der Pernharts auf und ab gegangen waren, wollte Ann an die Tür klopfen; aber siehe, ihr wurden die Schmerzen erspart. Herrin Henneleinlein kam gerade heraus, während sie Dame Giovanna bei der Pflege der kranken Großmutter geholfen hatte. Die Laterne, die Eppelein vor uns trug, war nicht so hell wie die Sonne, dennoch konnte ich das giftige Auge der alten Frau deutlich sehen; und was für eine hohe Verzweiflung klang in ihrer Stimme! Jeder hatte sein Glück, sogar mein Hans, zu dem sie rief: „Halte deine Braut Porro aus dem Weg, Meister Haller. Es ziemt sich nicht, dass die versprochene Frau eines verehrten Ratsmitglieds sich mit einem Narren verbündet!" Lachen ist besser als Weinen, und wer zuletzt lacht, lacht am längsten!" Und daraufhin lachte sie selbst laut und wandte uns mit einem verächtlichen Nicken zu Ann den Rücken zu.

Alles war noch im Haus von Meister Pernharts; er selbst hatte sich ausgeruht. Auf Herdegens Geheiß folgten wir ihm in die Halle, und dort drückte er Ann an sein Herz und erklärte uns, dass sie jetzt und von nun an für immer eins seien. Daraufhin umarmten wir uns alle; aber meine Freundin klammerte sich am längsten an mich und flüsterte mir ins Ohr, dass sie glücklicher sei, als sie es je verdient hätte. Herdegen fragte mich, ob es ihm jetzt gut gegangen sei und ob ich wieder dieselbe alte Margery sein würde? Und ich hebe mit

Freuden meine Lippen hoch, damit er ihn küssen kann; Und der zurückgekehrte Verschwender, der zu seinem besten Teil zurückgekehrt war, war wie jemand, der vom Wein betrunken war. Er war außer sich vor Freude, so dass er erst mich und dann Hans in seine Arme schloss und Eppelein , der eine Laterne trug, um uns die vom Regensturm hinterlassenen Pfützen zu zeigen, immer wieder auf die Schulter klopfte und einen stieß Er hatte einen Geldbeutel voller Geld in seine freie Hand gesteckt, obwohl die goldene Prämie meines Großonkels nun zu Ende war. Nichts konnte ihn dazu bewegen, in den Tanzsaal zurückzukehren, um Ursula und ihre Verwandten zu treffen; und als er uns bald verließ , hörten wir ihn auf der Straße ein Liebeslied singen, wie es sich kein falsches Herz vorstellen kann, so froh wie die Lerchen, die nun bald in den Himmel aufsteigen würden.

Wir kamen zurück in die große Halle. Der Tanz und die Musik waren noch auf ihrem Höhepunkt; unsere Abwesenheit schien unserer Meinung nach kaum spürbar gewesen zu sein; Sobald wir jedoch eintraten, erkundigte sich mein Großonkel, „wo Herdegen sein könnte", und als ich mich zufällig umsah, sah ich – meine Augen täuschten mich nicht – Herrin Henneleinlein in einer der Seitenboxen .

Kein Mann sagte es mir, aber ich war sicher und sicher, dass sie etwas sagte, was mich beunruhigte, und plötzlich erkannte ich im trüben Hintergrund den gefiederten Federbusch, den Ursula beim Tanz getragen hatte. Mein Herz schlug vor Angst; Jedes Wort der alten Dame würde uns mit Sicherheit Schaden zufügen. Hans spottete über meine Ängste und über die Torheit eines Dienstmädchens, jemals Dinge auf sich zu nehmen, die sie nichts angehen.

Junker   Hennings   Arm   an   uns   vorbeifegte   .

Ein junger Pfälzer Ritter führte mich nun zu einem Tanz hinaus, den ich ihm einst versprochen hatte.

Aus Atemnot blieben wir stehen. Das Fest war vorbei; doch gingen Ursula und der Junker zusammen. Er lauschte eifrig allem, was sie sagen würde, und plötzlich klatschte er in ihre Hand, die sie ihm entgegenstreckte, und seine Augen, die er auf den Boden gerichtet hatte, blitzten auf. Dann gingen er und der Ritter von Rochow Arm in Arm durch das Gedränge, und beide lachten und zogen ihre langen roten Bärte.

Ich klammerte mich noch immer an den Arm meines Geliebten und flehte ihn an, mich zu einem Gespräch mit Junker Henning mitzunehmen, da ich ihn unbedingt befragen wollte; aber der Junker hielt sich gewissenhaft von uns fern. Dennoch hielten wir ihn schließlich zurück, und nachdem ich mich danach wie im Scherz erkundigt hatte, ob er seinen alten Streit mit Herrin

Ursula beigelegt und einen Waffenstillstand geschlossen oder vielleicht doch Frieden mit ihr geschlossen habe, antwortete er mir in einem Tonfall im Gegensatz zu seiner gewohnten offenen und fröhlichen Art, dass dies ihm und ihr eine Weile geheim bleiben müsse und dass wir kaum die ersten sein würden, denen er die Angelegenheit offenbaren würde; und sogleich verabschiedete er sich mit höfischer Ehrerbietung von uns. Aber mein Geliebter ließ ihn nicht so gehen und fragte ihn ruhig, was die Interpretation dieser Rede sei, woraufhin Rochow für seinen jungen Landsmann sprach und ihn in dem selbstherrlichen und herrschaftlichen Ton, der seine Stimme immer kennzeichnete, fragte und Art und Weise, ob hier, in der Heimat Nürnberg, Spielzeug, Liebe und Glaube als Spielzeug galten.

Junker Henning unterbrach mich jedoch und warf mir einen warnenden Blick zu: „Es liegt ihm fern, die Freundschaft mit einem ehrenwerten Herrn wie meinem Hans zu brechen, bevor er eine Erklärung hat." Und er streckte etwas bereitwilliger als zuvor die Hand aus, verneigte sich sanft vor mir und führte seinen Cousin weg.

Schließlich stiegen wir mit den Haller-Eltern und Cousine Maud aus . Die alten Leute stiegen in Sänften, und die Diener ebneten mir den Weg zu meiner, als mein Geliebter mich aufhielt und sagte: „Im Osten ist es schon grau. Nie zuvor waren wir so gut zusammen , Margery, und glücklich." Es gibt nur wenige Stunden. Wenn du nicht zu müde bist, lass uns gemeinsam in dieser frischen Morgenluft nach Hause gehen.

Ich war richtig zufrieden und wir gingen sanft voran, ich klammerte mich fest an ihn. Er spürte, wie hoch mein Herz schlug, und als er mich fragte, ob es aus Liebe so schnell schlug, gestand ich wahrheitsgemäß, dass die Brandenburger zwar alle anderen Ritter im Königreich an Trotz und Hitzköpfigkeit übertrafen, ich jedoch Angst davor hatte Es sollte einen Waffenwechsel zwischen Junker Henning und meinem Bruder Herdegen geben . Aber Hans antwortete, dass er die Absicht der Brandenburger , ihn herauszufordern, nicht verhindern könne; dennoch wäre es zu ihrem eigenen Schaden, wenn man es wegwerfen würde; dass Herdegen an der Pariser Waffenschule kaum seinesgleichen gefunden hatte ; und zumindest sollten wir diesen schönen Morgenspaziergang nicht durch solche Ängste trüben.

Und er drückte mich fester an sich, und während wir langsam weiterwanderten, schüttete er mir sein ganzes Herz aus und gestand mir, dass es ihm in all seinem einsamen Leben in fremden Ländern immer an einer großen Sache gefehlt hatte ; dass er trotz der Fröhlichkeit seiner Lieblingskameraden, selbst als sein größter Fleiß von großen Problemen gekrönt worden war, nie die volle Lebensfreude gehabt hatte. Erst als meine Liebe ihn zu einem vollkommenen und wahrhaft glücklichen Menschen gemacht hatte, fühlte er sich sozusagen ganz, da dies allein das seltsame Verlangen gestillt hatte, das ihm bis dahin das Herz krank gemacht hatte.

Ja, und ich konnte ihm sagen, dass es bei mir genauso gewesen war; und was wir noch mehr sagten, es hätte wahrlich lieber zu süßer und erhabener Musik auf Laute und Mandoline gesungen werden sollen . Zwei richtig zusammenpassende Seelen standen einander offenbart, und der Himmel selbst schien sich in den engen Gassen unserer Stadt zu öffnen.

Wir küssten uns, als wir auf der Schwelle des Schopper -Hauses standen, und als wir uns endlich trennen mussten, drückte er mich noch einmal an sein Herz, länger als je zuvor, und riss sich los; und legte seine Hände auf meine Schultern, während er mir im blassen Licht der Morgendämmerung in die Augen sah, und sagte: „Komme, was wolle, Margery, wir lieben einander aufrichtig und haben durcheinander gelernt, was wahres Glück bedeutet; und dennoch sind wir es." Wir befinden uns noch im Märzmond unserer Liebe, und die weitaus süßeren Maitage stehen noch bevor. Aber selbst die Märzfreude ist gut – richtig gut für mich."

KAPITEL III.

Als ich in meinem abgedunkelten Zimmer ins Bett stieg, hatte ich meine Ängste und düsteren Vorahnungen vergessen. Der Schlaf schloss sofort meine Augen und ich lag ohne einen einzigen Traum da, bis Cousine Maud mich weckte. Ich drehte mich um, weil ich immer noch schwer schlummerte; Dennoch stand sie an meinem Bett, und kaum eine halbe Viertelstunde später spürte ich erneut ihre Hand auf meiner Schulter und wachte zitternd und mit kaltem Schweiß auf meiner Stirn auf. Ich hatte geträumt, dass ich mit Hans und meinem Großonkel und anderen im Lorenzerwald ausritt ; aber wir gingen langsam und sanft, weil alle unsere Pferde lahm fielen. Und es fiel genau an die Stelle, wo Ann in Herdegens geflogen war Ich erblickte einen hohen, gelben Grabstein, auf dem in großen schwarzen Buchstaben stand: „HANS HALLER.“

Daraufhin war ich mit einem lauten Schrei aufgesprungen, und es dauerte lange oder überhaupt, bis mein Gehirn sich der Welt um mich herum klar wurde. Cousine Maud lachte, als sie mich so betrunken schlafen sah, wie es nicht meine Gewohnheit war; Dennoch konnte sie nicht leugnen, dass mein Traum nichts Gutes verhieß. Dennoch, sagte sie, sei es kein Wunder, dass solch ein heidnischer türkischer Aufruhr, wie wir ihn erlebt hatten, im Gehirn eines jungen Mädchens monströse Fantasien hervorrufen konnte. Sie hätte es sich vorgenommen, mich den ganzen Tag schlafen zu lassen, um mir Kraft zu geben; Allerdings war Herdegen zweimal gekommen, um nach mir zu fragen, ebenso wie Ann und Hans, und es fehlten nur anderthalb Stunden Mittag. Das brachte mich zum Lachen; Dennoch erinnerte ich mich an Ort und Stelle an alles, was letzte Nacht vor Pernharts Haustür und in der Waffenschule geschehen war, und darüber hinaus, dass wir heute aufgefordert wurden, mit den Tetzels zu essen ; auch, dass sie und mein Großonkel immer noch glaubten, dass Herdegens Verlobung mit Ursula ihren Freunden sofort verkündet werden könnte.

Ich begann mich hastig und ängstlich anzuziehen, und Susan war gerade dabei, mir die Haare zu flechten, als Cousine Maud hereinflog, um zu sagen, dass Königin Barbara ihre eigene Sänfte geschickt hatte, um mich zu ihr zu tragen. Also musste ich Vollgas geben.

Die königlichen Gemächer im Schloss waren auf Wunsch Seiner Majestät von der Stadt neu gestaltet worden, und sie waren tatsächlich prächtig geschmückt; Dennoch hatte mir eine solche Show noch nie weniger gefallen. Die Königin gab dem Legaten des Papstes, ihren Exzellenzen, den Gesandten des griechischen Kaisers, meinem Herrn Konrad, dem Kurfürsten von Maintz , und vielen weiteren Adligen Audienz. Sie hatte die Kühnheit gewagt zu erklären, dass die deutschen Mädchen in der

Gesangskunst nicht weniger geschickt seien als die Mädchen Italiens, und hatte mich in so großer Eile zu ihr eingeladen, dass ich den dort versammelten Würdenträgern ein paar Lieder anhören konnte. Ich könnte zum königlichen Geheiß nicht nein sagen; Im Guten wie im Schlechten muss ich gern meine Laute nehmen und singen, zuerst allein und dann mit meinem Herrn Conte di Puppi . Unsere Stimmen brachten den König sofort in den Saal, und in der Tat erntete ich genug Lob, wenn ich es am liebsten hätte hören wollen. Nein, zum ersten Mal war es für mich eine Qual zu singen, und als die Honoratioren alle weggeschickt waren und ich mit der Königin und ihren Damen allein war, wusste ich nicht, was mir fehlte, aber ich brach in heiße und heiße Tränen aus bittere Tränen. Die gnädige Königin nahm mich mit weiblicher Zärtlichkeit in ihre Arme, aber während sie mir ihr Essigfläschchen zum Riechen reichte und tröstende Worte sprach, erschrak ich plötzlich, als ich dicht hinter mir ein trauriges Schluchzen und Seufzen hörte, wie aus der Brust einer Frau . Ich sah mich um und erblickte Porro , den Narren, der sich auf ein Sofa geworfen hatte und mich verspottete, wobei er dabei eine solche Grimasse verzog, dass sein glattes, langes, dünnes Gesicht auf die Länge zweier magerer Gesichter gewachsen schien. Der Anblick war so fröhlich, dass ich am liebsten gelacht hätte. Während er dennoch nicht aufhörte zu schluchzen, tadelte ihn die Königin und befahl ihm, seine Narrheit nicht zu weit zu treiben. Daraufhin schluchzte er: „Nein, königlich und gnädig, Coz, du bist im Irrtum. Noch nie habe ich so schamlos vergessen, meine Rolle als Narr zu spielen, wie in diesem Moment. Alack, alack! Was für ein Ding ist das Leben! Wären wir nicht eins?“ und alle geborenen Narren, und wenn wir es nur so messen würden, wie es jetzt ist und immer sein wird, mit der Weisheit des Weisen, würden wir nie aufhören, uns selbst zu beklagen, von der Ammenrute bis zur Sense des Todes.“

Ob Porro es ernst meinte, konnte ich nicht erraten; sein Gesicht, wie ein mystisches Orakel, könnte vielfältige Interpretationen zulassen; Wahrlich, seine Rede ging mir zu Herzen. Und obwohl mir das Leben bisher hundertmal mehr Gründe zur Dankbarkeit als zum Kummer gebracht hatte , schien es mir , dass es viele Kummer bereithielt. Die Königin antwortete in der Tat ganz feierlich: „Vielleicht ist es wahr. Aber vergessen Sie nicht, dass Sie nicht als Weiser zu uns kommen . – Außerdem kenne ich als guter Ungar mein Latein, und der große Horatius Flaccus legt Ihre düsteren Lehren auf.“ Scham; obwohl ich als Christin gerne bekennen möchte, dass es klüger und lobenswerter ist, unsere eigenen Sünden und die Sünden der Welt zu beklagen und über das zukünftige Leben nachzudenken, als nur für gegenwärtige Freuden zu leben. Was dich betrifft, süßes Mädchen, noch lange wirst du Freude an den Blumen haben, auch wenn in ihren Kelchen Gift verborgen sein mag.

„Männer essen sie nicht gern", antwortete der Narr. „Und ich habe mich oft gewundert , warum der flüchtige Schmetterling so bunte und bemalte Flügel trägt, während jedes Geschöpf, das kriecht und fraß, grau oder braun und übel anzusehen ist."

Daraufhin brach er in lautes Gelächter und so ausgelassene Heiterkeit aus, dass wir vor Fröhlichkeit fast weinten, und meine Dame, die Königin, bat ihn, Stillschweigen zu bewahren.

Bei meiner Abreise musste ich durch das Audienzzimmer des Königs gehen. Er bat meinen Hans gnädig zu gehen, und ich ging mit den Meistern Tucher , Stromer und Schurstab , alles Mitgliedern des Rates, in den Schlosshof. Ich glaube, ich höre sie jetzt Hans für seine furchtlose Mannhaftigkeit danken, als er seiner Majestät sagte, dass die Schatzkiste jemals leer sein müsse, wenn die alte Unordnung überhand nehmen würde. Ebenso billigten sie den gut ausgearbeiteten Plan, den er zur Verbesserung dieser Angelegenheiten vorgeschlagen hatte, und mein Herz schlug hoch vor Stolz, als ich die große Wertschätzung erkannte, die die verehrungswürdigen Ältesten unserer Stadt ihren jüngeren Mitmenschen entgegenbrachten.

Hans würde sich vielleicht nicht von ihnen trennen; aber als ich in die Sänfte stieg, flüsterte er mir zu: „Hab keine Angst – vor Herdegen und dem Junker – weißt du. Lebe wohl, bis wir uns bei den Tetzels treffen ."

Als ich nach Hause kam , erfuhr ich, dass mein Bruder, Ann und dann Eppelein gekommen waren, um nach mir zu fragen; Jetzt musste ich mich für das Fest umziehen, und mein Herz klopfte schwer in meiner Brust. Der kühne Brandenburger und mein Bruder kreuzten vielleicht gerade zu dieser Stunde die Schwerter.

Tetzels aus unseren Sänften . Eppelein stand mit Stiefeln und Sporen am großen Tor und hielt zwei Pferde am Zaumzeug. Mein Herr, der mit ihm sprach, war mein lieber Hans. Wir gingen zusammen in die Halle, und als sich unsere Blicke trafen, wusste ich , dass Böses in der Luft lag. Der Brief, den er besaß, befahl ihm, sofort nach Altenperg zu reiten . Junker Henning und mein Bruder wollten einen bewaffneten Durchgang haben, und zwar mit scharfen Waffen. Dies durften sie jedoch innerhalb der Grenzen der Stadt nicht tun, außer unter großem Risiko, da die Stadt im Frieden des Königs lag, und zwar durch eine strenge Anordnung eines Ritters oder Knappen, Herrn oder Dieners, kurz gesagt, jeder einzelne Mann vom Kaiser mit der Ächtung bedroht, der es wagen sollte, einen anderen zu provozieren, ihn herauszufordern, oder eine Waffe gegen einen anderen in böser Absicht zu erheben, sei er, wer er auch sei, im gesamten Reich von Nürnberg oder solange der Landtag tagte. Daher würden sie weiter nach Altenperg gehen , da dies die am nächsten zu erreichende Gemeinde außerhalb der Stadtgrenzen sei.

All dies hatte mein Geliebter schon an diesem Morgen gehört; aber Herdegen hatte ihm gesagt, dass Meister Schlebitzer und ein gewisser österreichischer Ritter ihn begleiten würden. In dem Brief stand nun, dass sie ihn beide falsch dargestellt hatten; ersterer im Gehorsam gegenüber dem strengen Befehl seines Vaters, des Stadtrates ; das zweite aus der Begründung, dass sein Herzog seine Anwesenheit befohlen habe. Und Herdegen bat hiermit dringend meinen Hans, den so freigebliebenen Platz einzunehmen und sofort nach Altenperg zu reiten .

Das war auch nicht der ganze Brief. Darin legte mein Bruder dar, dass er Ann und ihren Eltern feierlich und unwiderruflich sein Wort geschworen hatte, und bat meinen Geliebten, den Tetzels und seinem Großonkel zu erklären, dass er von nun an und für immer auf Ursula verzichtete. Er würde am Ort des Treffens ausführlicher über die Angelegenheit sprechen.

Cousin Maud, Hans und ich hielten eine kurze Beratung ab, und wir waren uns einig: Diese Botschaft sollte den Tetzels erst nach dem großen Abendessen übermittelt werden, wenn wir den Ausgang des Kampfes erfahren würden. Mein Herz drängte mich tatsächlich dazu, meinen Geliebten zu bitten, auf diese Fahrt zu verzichten, und es fällt mir noch ein, wie ich ihn mit erhobenen Händen anflehte und wie er sich mit unerschütterlicher Sanftmut dazu zwang, sie von sich zu nehmen. Und als er mir sagte, dass er, wenn überhaupt jemand, mit Sicherheit die Kämpfer besänftigen könnte, sonst würde jemals Blut vergossen, blickte ich in sein tapferes, mannhaftes und freundliches Gesicht und dachte, wohin er ging, musste alles zum Besten sein, und auch für mich rief mit neuer Sicherheit: „Dann geh!“ Ich erinnere mich an jedes Wort, als wäre es in Messing gemeißelt .

Eppelein ließ seine Peitsche gegen seine ledernen Stiefelstulpen knallen; Die bleierne Stimme des alten Tetzel schrie auf, um sich zu erkundigen, wo wir uns aufhielten, und ein seidener Zug kam raschelnd die Treppe hinunter. Mein Geliebter küsste mir die Hand, und ich ging mit ihm in den Hof hinaus. Sein feuriges Pferd gab ihm so viel zu tun, dass er meinen Abschied nie bemerkte. Plötzlich schoss es mir durch den Kopf, dass dies genau das Pferd war, das mein Großonkel Herdegen geschenkt hatte , und auch hier schien es mir ein schlechtes Omen zu sein. Ebenso fiel mir auf, dass Hans in seidenen Hosen gekleidet war und weder Sporen noch Reitstiefel trug. Allerdings hatten die Hallers viele Pferde; und als Junge war er es gewohnt, mit oder ohne Sattel zu reiten, und er war ein Reiter, den niemand abwerfen konnte, nicht einmal im Turnierring.

Er hatte sein Ross bald bezwungen und trottete leichtfüßig über die Steine, gefolgt von Eppelein ; Aber als er um die erste Ecke verschwand, kam es mir vor , als hätte sich der Bourn-Stein, als er daran vorbeiritt, in den gelben

Grabstein verwandelt, den ich in meinem Traum gesehen hatte, und ich sah wieder die großen schwarzen Buchstaben des Namens „Hans Haller".

Ich fuhr mir mit den Händen über die Augen, um die schreckliche Vision zu vertreiben, und ich war jung und mutig genug, Ursulas Gruß zu erwidern, ohne dass meine Knie zitterten. Cousine Maud war unterdessen schnaubend und rauchend wie ein kochender Kessel die Treppe hinaufgegangen; auch konnte sie keinen Frieden finden, nicht einmal in der Gesellschaft, die auf den Tisch wartete. Viele bemerkten , dass mit ihr etwas nicht ganz Normales stimmte. Ich hielt mich gut genug zurück und entschuldigte die Abwesenheit meines Bruders und meines Geliebten mit der Begründung wichtiger Angelegenheiten. Mein Großonkel jedoch erriet die Wahrheit, und als ich auf seine kurzen, gemurmelten Fragen eine wahrheitsgetreue Antwort gab, schrie er wütend: „Das war also der Dank, den er bekommen hat?" Von nun an würde er deutlich zeigen, wie er, der ein Wohltäter gewesen war, mit der Jugend umgehen konnte, die es gewagt hatte, seine Autorität zu verspotten. Daraufhin bat ich ihn zunächst, mir für ein paar Worte Gehör zu gewähren; aber er winkte mich wütend ab und winkte Ursula, die an seinem Arm hing, und sie presste ihre Lippen zusammen, als er ihr plötzlich mit zornigen Augen etwas ins Ohr flüsterte, von dem ich glaubte, die Absicht zu erraten. Und als ich sah, wie sie Sir Franz von Welemisl an ihre Seite rief und ihm mit leiser Stimme die Hand reichte, erkannte ich, dass sie in Wahrheit alles wusste.

Sie führte ihren Vater sofort beiseite und erzählte ihm etwas, was ihm das Blut ins ascheige Gesicht trieb und ihn dazu brachte, vehement Nein zu sagen. Aber wie sie es gewohnt war, tat sie ihren Willen durch und er zuckte mit den Schultern, zwar zornig, aber von ihr überwältigt.

Während dieser Zeit war die große Tür des Refektoriums aufgerissen worden, und als Tetzel mit seiner alten Mutter in diese Richtung ging und die Gäste aufforderte, ihm zu folgen, flüsterte mir mein Onkel Christian, Anns treuer Freund, zu, Herdegen habe ihm gesagt, dass er wurde nun seinem „lieben Wärterlein" verpfändet, und ebenso das, was zwischen ihm und dem Junker von Beust vorhanden war . Ich könnte ruhig sein, sagte er; Der Brandenburger würde den Nürnberger Stahl bitter schmecken, da war er sich völlig sicher. Und er beendete seine Rede mit einem fröhlichen: „Halten Sie Ihren Kopf hoch, Margery."

Dann setzten wir uns alle an den gedeckten Tisch, Dame Clara saß oben, obwohl sie nur mürrisch und unzufrieden aussah.

Ursula hatte beschlossen, Sir Franz an ihre Seite zu stellen. Herdegens Sitz zu ihrer Linken war frei; und sie forderte ihren weißen Brabanter Hund wie im Scherz auf, hineinzuspringen. Das Essen wurde serviert, aber alles verlief in so düsterer Stille, dass Meister Muffel vom Stadtrat, den sie Meister Gall-

Muffel nannten , über den Tisch hinweg meinem Onkel Christian zuflüsterte: „War es nicht seltsam, ein Trauerfest ohne zu veranstalten?" jemals eine Leiche. Wieder schauderte ich. Mein fröhlicher Onkel hatte bereits sein Glas gehoben, und er streckte sich in aller Ruhe, nickte mir zu und trank, wobei er laut genug sagte, dass alle es hören konnten: „An das letzte verlobte Paar und das treueste Liebespaar."

Ich nickte ihm zu, denn ich wusste, was er meinte, und trank aus ganzem Herzen. Ursula hatte inzwischen ihre Ohren und Augen auf uns gerichtet, und sie winkte nun ihrem Vater zu, und er erhob sich langsam, stieß mit seinem Glas an, und als er sah, dass viele lauschten, was er sagen sollte, erklärte er seinen Gästen, dass er geboten hatte Sie kamen zu diesem Bankett nicht nur, um den Namenstag seiner ehrwürdigen Mutter zu ehren, deren Lob sein Freund Meister Tucher beredt ausgesprochen hatte, sondern auch, um ihnen die Verlobung seiner Tochter Ursula mit dem edlen Ritter und Baron Franz anzukündigen von Welemisl . Dann gab es Geschrei und Klirren und das Ausleeren von Weinbechern, woraufhin die alte Dame Clara Tetzel, die taub war und den Sinn der Ansprache ihres Sohnes nicht verstanden hatte, laut schrie: „Ist der junge Schopper denn endlich gekommen?"

Daraufhin wurde Sir Franz blass; er war mit Ursula, das Glas in der Hand, auf die alte Frau zugegangen, und sie sprach nun ihrer Großmutter ins Ohr, um ihr die Sache zu erklären. Die alte Frau sah zuerst ihren Sohn und dann meinen Großonkel an und schüttelte den Kopf; dennoch gab sie dem schlimmen Fall eine gute Miene, gab Sir Franz die Hand zum Küssen und wurde von Ursula gebührend umarmt; Dennoch saß sie da und nickte immer schlauer mit dem Kopf, als sie den Bräutigam husten hörte. Das Staunen lag tatsächlich auf den Gesichtern aller Gäste; Doch das Eis war gebrochen, und die stille und düstere Gesellschaft war plötzlich fröhlich geworden. Cousine Maud schien mir am zufriedensten zu sein . Ursulas Verlobung hatte ihre Favoritin vor großer Gefahr gerettet, und von nun an ruhte ihre gefiederte Kopfbedeckung wieder.

Um mich herum herrschte Gerede und Gelächter, klingelnde Gläser, erhobene Stimmen bei festgelegten Reden und mancher Dankruf. Wenn eine Verlobung im Wind steht, glauben die Leute immer, dass sie den Schlüssel zum Glück in der Hand haben, selbst wenn es zwischen einem Dummkopf und einem Taubstummen stattfindet.

Der Platz zu meiner Linken, den mein Geliebter hätte einnehmen sollen, blieb leer; Zu meiner Rechten saß sein Ehrwürdiger Meister Sebald Schurstab , der Minoritenprediger und Prior, der, sobald er zu Ehren eines Toasts gesprochen hatte, seinen Blick auf die Tafel richtete und nur an den nächsten dachte. So gab es inmitten dieser fröhlichen Gemeinschaft nichts , was meine

Ängste und Hoffnungen davon abhalten konnte, ihren Weg zu bahnen. Jedes Mal ertönte ein „Hoch!"-Schrei. wurde erzogen, ich weckte mich und machte mit; Man weiß jedoch kaum, zu wessen Ehren. Ebenso wurde es in der Halle immer heißer und die Luft war schwer zum Atmen.

Auch heute ist wieder wie gestern ein Sturm über uns hereingebrochen. Obwohl die Sonne noch nicht untergegangen war, war es mittlerweile so dunkel, dass man Lichter hereingebracht hatte und fünfzig Kerzen in den silbernen Kerzenständern für zusätzliche Hitze sorgte. Die Blitze strahlten wie eine huschende Lampe durch die vorgehängten Fenster, und das Donnergrollen erschütterte die Scheiben, die in ihren bleiernen Rahmen klapperten und klirrten. Der ehrwürdige Prior rief die heiligen Heiligen an, deren besonderen Schutz dieses Haus nie versäumt hatte, und bekreuzigte sich. Wir alle taten dasselbe und hatten den Sturm draußen bald vergessen. Schon bald klirrten die Gläser erneut. Ich beobachtete die zahllosen Gerichte, die in und aus gebratenen Pfauen getragen wurden, mit auffällig ausgebreiteten Schwänzen und Haubenköpfen, die sozusagen zum Trotz erhoben wurden: Eberköpfe mit einer Zitrone im Maul und fröhlich bekränzt; riesiger Lachs, der inmitten blauer Forellen liegt, an denen sich scharlachrote Langusten festklammern; Pasteten und kunstvoll zubereitete Süßigkeiten; ja, hin und wieder streckte ich kaum bewusst meine Hand aus und führte dieses oder jenes Bissen zu meinem Mund, aber ob es nun Brot oder Ingwer war, meine Zunge achtete nicht auf den Geschmack. Silberkrüge und venezianische Gläser wurden aus Flakons und Krügen gefüllt; Ich hörte, wie die Gäste die Weine von Fürstenberg und Bacharach, von Malvoisie und Zypern lobten, und ich bemerkte die Wirkung des edlen und kräftigen Traubensaftes, ja, ab und zu spielte ich die Rolle des „Wächters" für Onkel Christian; Dennoch kam es mir so vor , als ob ich nur aufgrund des Willens oder einer alten Gewohnheit eines anderen einen warnenden Finger erhoben hätte. War ich wirklich bei einem Bankett oder habe ich nur geträumt, dass ich als Gast an der reich gedeckten Tafel saß? Sicher war nur, dass der Sturm vorbei war und weder Hagel noch Regen auf die Fensterscheiben prasselten. Wie nass musste mein Hans sein, der ohne Umhang , der ihn bedeckte , in die Hofordnung geritten war .

Den Stimmen und dem Verhalten der Männer nach zu urteilen, musste das Ende der endlosen Mahlzeit sicherlich nicht mehr weit sein, und tatsächlich wurden zu dieser Zeit Gerichte mit Paketen mit Gewürzen und Früchten sowie Kuchen und Süßigkeiten für die Kleinen zu Hause serviert. Ich holte tief Luft und dachte, die Gesellschaft würde sich bald vom Tisch erheben, da Jost Tetzel seinen Platz bereits verlassen hatte. Dann sah ich sein blasses Gesicht durch einen Vorhang und seine schlanke Hand, die meinem Großonkel zuwinkte. Auch er erhob sich, und Ursula folgte ihm. Sofort erklang von draußen ein seltsames Geräusch von Schritten und vielen

Stimmen. Ein Diener kam, um Meister Ebner und Onkel Tucher zu begrüßen , und das Gemurmel und die Bewegung draußen wurden immer lauter. Die Gäste saßen schweigend da, schauten einander an und fragten einander. Etwas Seltsames und mit Sicherheit etwas Böses war geschehen.

Mein Herz schlug in meinen Schläfen wie das Läuten einer Alarmglocke. Das, was vorwärts ging und zu dem einer nach dem anderen aufgerufen wurde, war mein Anliegen; Es muss so sein, und zwar nur meins. Ich hatte das Gefühl, dass ich meinen Platz nicht länger halten konnte, und ich hatte meinen Sitz zurückgeschoben, als ich Onkel Tucher neben Cousin Maud stehen sah, und sein freundliches und würdevolles Gesicht, immer noch gerötet von dem Wein, den er getrunken hatte, war ein Vorbote des Grauens und Weh. Er beugte sich über meine Cousine, um ihr ins Ohr zu sprechen.

Mein Blick war auf seine Lippen gerichtet, und siehe da! Sie, meine zweite Mutter, sprang hastig auf wie jedes junge Ding und schrie fast, die Hand an die Brust legend: „Jesu-Maria! Und Margery!“

Vor meinen Augen wurde alles dunkel. Ein violetter Nebel hüllte den Tisch, die Gesellschaft und alles, was ich sah. Ich schloss meine Augen, und als ich sie bald wieder öffnete, sah ich dicht vor mir, als wäre er zum Greifen nah, den gelben Grabstein mit schwarzen Buchstaben darauf, wie in meinem Traum; und obwohl ich meine Augen wieder schloss, war der Name „Hans Haller“ immer noch da und die Buchstaben verblassten nicht, nein, sondern wurden größer und kamen näher, und ich schien wie eine Reihe gaffender Werwölfe zu sein.

Um mich vor dem Sturz zu bewahren, hielt ich mich auf den Knien an der hohen Rückenlehne meines schweren Stuhls fest; aber eine feste Hand schob es beiseite, und ein Paar alter, aber starker Arme schlossen mich an ein treues Herz, und als ich Cousine Mauds Stimme in meinem Ohr hörte, die, obwohl von Tränen halb erstickt, rief: „Meine Armen, Armen.“ , liebe gute Margery!“ Es schien mir, als ob das etwas in meinem Herzen schmolz und mir in die Augen strömte; und obwohl es mir niemand gesagt hatte, wusste ich dennoch mit Gewissheit, dass ich eine Witwe oder jemals eine Frau war und dass Cousin Mauds und meine eigenen Tränen nicht für Herdegen , sondern für ihn, für ihn vergossen wurden ...

Und siehe, von Angesicht zu Angesicht vor mir, wer war das? Ursula stand vor mir, ihre blauen Augen waren in Tränen versunken – Tränen um mich, die mir sagten, dass mein Kummer tief genug und bitter genug war, um selbst das skrupellose Herz meines Feindes zu betrüben.

KAPITEL IV.

Der Sturm hatte die Luft noch einmal gereinigt. Wie schön lächelte der blaue Himmel, wie hell schien die Sonne, Tag für Tag und von morgens bis abends; aber mir schien, dass seine Pracht mich nur verspottete, und oft dachte ich, dass der Kummer meines Herzens mit Geduld leichter zu ertragen wäre, wenn es nur regnen würde, und zwar für immer und ewig . Ja, und ein grauer, düsterer Tag hätte den vom Weinen müden Augen Ruhe gebracht. Und in meinem kranken Herzen war tatsächlich alles dunkel, obwohl ich nicht lange gezögert hatte zu erfahren, wie dieser Schrecken entstanden war.

Das war die ganze Nachricht, nach der ich mich gesehnt hatte; Wie das Leben von nun an weitergehen sollte , kümmerte mich nicht mehr, sondern ließ, was passieren würde, ohne einen Wunsch oder einen Willen. Trauer war für mich das Ende und der Sinn des Lebens. Ich verschmähte meinen Kummer nicht, sondern hegte und nährte ihn, als wäre er ein kostbares Kind, und nichts gefiel mir so sehr, als nur daran festzuhalten.

Allerdings hatte ich selten das Glück, diesem Verlangen freien Lauf zu lassen. Ich war wütend auf die harte und bittere Welt wegen ihrer Grausamkeit; Doch in Wahrheit war es genau diese Welt und ihr erbarmungsloser Ruf zur Pflicht, der mich damals vor Schlimmerem rettete. Wahrlich, ich segne jetzt jeden, der sich damals bemühte, mich aus meinem selbstsüchtigen und düsteren Kummer zu erwecken, vom Schneider, der mein Trauergras schnitt, bis hin zu Ann, deren liebevoller Trost mir sogar weniger am Herzen lag als die Einsamkeit, der ich mich hingeben konnte bittere Trauer. Mir ging es nur darum, denen zuzuhören, die von seinen letzten Stunden und seinem Abschied aus diesem Leben erzählen konnten, bis es mir schließlich so vorkam , als hätte ich selbst sein Ende miterlebt.

Aus allen Nachrichten, die ich erfahren konnte, entnahm ich, dass die alte Henneleinlein , deren Unverschämtheit der Hofnarr gegen mich geweckt hatte, sich kaum an der Tür von Meister Pernhart von uns getrennt hatte , als sie zur Waffenschule eilte, um sich bei Ursula zu melden dass mein Bruder seiner verstoßenen Geliebten erneut den Bund fürs Leben geschlossen hatte. Daraufhin hatte Ursula es gewagt, dem Junker zu sagen, dass Herdegen ihr Ritter sei, der seinen Handschuh aufheben würde, den er beim ersten Tanz niedergeworfen hatte; aber dass er dennoch ein doppeltes Spiel trieb und Ann hinterlistig versprochen hatte, sie zu heiraten, um ebenfalls ihre Gunst zu gewinnen. Daraufhin war der Brandenburger von ehrlichem Zorn erfüllt, hatte Ursula geschworen, ihren falschen Liebhaber zu züchtigen, und war nicht nur bereit, den Trotz meines Bruders hinzunehmen, sondern auch mit rücksichtsloser Wut zu kämpfen.

So war Ursulas Plan insofern recht erfolgreich, als sie, solange sie hoffte, Herdegen zu gewinnen , in Todesangst gestanden hatte, der Junker könnte sich mit ihm zerstritten; Während sie nun in ihrem Zorn nur noch wünschte, dass der treulose Unhold Rechenschaft über das Schwert des Junkers ablegen sollte, hielt sie es in ihrer tiefen und bösartigen Wut für angebracht, meinen Bruder als den Herausforderer zu brandmarken, wohlwissend, dass er, wenn der Kampf einen blutigen Ausgang nehmen würde, ihn als Herausforderer bezeichnen würde würde als Bürge eine schwere Strafe erleiden. Und tatsächlich hatte sie nicht falsch gerechnet, als sie erklärte, dass mein Bruder, den sie nur zu gut kannte, ihr bereiter Champion sein würde.

Am nächsten Morgen nach dem großen Tanz hatte sie einen kurzen Brief an Herdegen gerichtet , in dem sie ihn um der Freundschaft willen, die sie seit ihrer Jugend verbunden hatte, und weil sie keinen Bruder hatte, gebeten hatte, Junker von Beust die Tochter eines Patriziers beizubringen Von Nürnberg sollte es einem wahren Ritter nicht mangeln, wenn brandenburgischer Stolz es wagte, sie vor aller Welt zu verachten. Die Antwort meines Bruders auf diesen Brief war eine Herausforderung für den Junker; Doch war er vielleicht nicht in so großer Eile gewesen, hatte er doch schon lange darauf gebrannt, den überheblichen jungen Adligen zu bestrafen, der ihm so manche unruhige Stunde bereitet hatte. Er hätte kaum sein Schwert auf Ursulas Geheiß gezogen, da er deutlich erkennen konnte, dass es ihr am meisten am Herzen lag, ihre Bresche für andere so aussehen zu lassen, als wäre er selbst, der von allen angesehen worden war Die Stadt als ihr verpfändeter Ehemann hatte sie nicht verlassen, sondern war vielmehr bereit, sein Herzblut in ihrem Dienst zu vergießen.

Wahrlich, Ursula glaubte, ein sicheres Racheinstrument gefunden zu haben, während sie gehört hatte, Junker Henning von Beust sei einer der gefürchtetsten Schwertkämpfer der Marken. Allerdings war Herdegen in Nürnberg ebenfalls als tapferer Kämpfer bekannt; Dennoch ist es in Franken, ja in ganz Deutschland immer üblich, fremde Mittel höher zu achten als die besten in der Heimat. Außerdem hatte sie oft meinen Großonkel erklären hören, dass die Herren unserer Patrizierfamilien nicht mehr als Halbritter seien, und dass sie die Absicht habe, Herdegen der Waffe des Brandenburgers zu opfern .

Allerdings hatte sie damit gerechnet, dass es ihr schlecht gehen würde. Hans, der meinem Bruder als Stellvertreter in Altenperg diente, nachdem er sich treu um den Frieden zwischen den beiden gekümmert hatte, war Zeuge, wie unser Nürnberger Schwertkämpfer, der in Erfurt, Padua und Paris die beste Ausbildung genossen hatte, dem Brandenburger nicht nur standhielt , übertraf ihn aber an Kraft und Schnelligkeit so weit, dass der Junker mit Wunden am Kopf und an der Brust in die Arme seiner Freunde fiel, während

Herdegen nur mit einem leichten Kratzer am Arm aus dem Kampf hervorkam.

Die Zeugen sahen voller Staunen, was er tun konnte, und Sir Apitz von Rochow gab zu, dass er beim ersten Stoß meines Bruders die schlimme Lage seines Cousins vorhergesehen hatte; und sie sagten, dass sich während des Kampfes die geschmeidige Klinge des Nürnberger Schwertes in eine wütende Schlange verwandelt habe, die sich überall hinschlängelte und Eisen und Stahl durchbohrte. Anschließend führte er aus, dass der Junker Schopper , von dem es hieß, dass er sich in allen Arten des Schreibens noch besser auskenne als im Gebrauch seiner Waffe, sich einer Zauberkunst bedient habe, bei der sich ein frommer Markenritter am liebsten bekreuzigen würde.

Während nun Junker von Beust sich um die Person des Königs gekümmert hatte, konnte Seiner Majestät das Ende des Kampfes nicht verborgen bleiben, und sobald der Verwundete zum Schutz und zur Pflege in das Pfarrerhaus in Altenperg getragen worden war, war es soweit notwendig, um seinen glücklichen Feind vor König Sigismunds Zorn zu schützen. In dieser Angelegenheit erniedrigten sowohl Rochow als auch Muschwitz , die Sekundanten des Junkers, sie als wahre Adlige, indem sie meinem Bruder Zuflucht und Versteck in ihren Schlössern boten, obwohl sie ihn untereinander einer geheimen Kunst beschuldigten; aber der, der so bald sterben sollte, riet ihm, eine Weile bei Onkel Conrad in der Waldhütte zu bleiben und zu sehen, was er selbst und andere seiner Freunde tun könnten, um seine Begnadigung zu erlangen.

Als mein Geliebter endlich gehen wollte, war der Sturm losgebrochen; Deshalb baten ihn die Brandenburger , im Haus des Priesters zu bleiben, bis es vorbei sei . Dies wollte er nicht tun, denn seine Geliebte suchte ihn mit ängstlichem Herzen, wohl wissend, dass ihr Bruder in Gefahr war; und sogleich ritt er davon. Herdegen gab ihm Eppelein , um ihn zu betreuen und ihm die Dinge zurückzubringen, die er brauchte, und so machte sich mein Geliebter auf den Weg in die Stadt, der Diener ritt hinter ihm her.

Es regnete tatsächlich, es wurde heller und donnerte, aber alles war gut, bis in der Nähe von Saint Linhart der Hagel niederprasselte und heftig auf sie prasselte. In diesem Moment riss ein brennender Blitz mit einem schrecklichen Donnerschlag einen Baum am Straßenrand auseinander ; Sein starkes Pferd geriet vor Angst in den Wahnsinn, richtete sich auf, fiel zurück und drückte seinen Reiter gegen den Stamm einer Pappel. Nie mehr blickte ich in das Gesicht des wahren Liebhabers, mit dem ich so eng verbunden war – außer in Träumen; und ich danke denen, die mich davon abgehalten haben, seinen gebrochenen Schädel zu sehen. Bis zum heutigen Tag erhebt er sich vor mir, eine stille Vision, und ich sehe ihn so, wie er in der Stunde war, als er mir auf unserer Schwelle einen Abschiedskuss gab, im blassen Glanz des frühen Morgens, feierlich froh und in seiner festlichen Tapferkeit. Dennoch konnten sie mich nicht daran hindern, meine Lippen auf die Hände des geliebten Körpers in seinem Wickeltuch zu drücken.

Es war an einem schönen und herrlichen Morgen – dem Tag der Himmelfahrt der Heiligen Jungfrau – als Hans Haller, Ritter, Arzt und Stadtrat , der Älteste seines alten Geschlechts, mein lieber Herr und geliebter Liebhaber, zu Grabe getragen wurde . Das Samttuch, mit dem seine Eltern die Bahre ihres geliebten und erstgeborenen Sohnes bedeckten, war so teuer, dass der Preis einen armen Haushalt problemlos jahrelang ernährt hätte. Wie viele Kerzen wurden für ihn verbrannt, wie viele Messen sagten! Gunst und Wohlwollen wurden mir entgegengebracht, und wohin ich auch ging, wurde mir größter Respekt entgegengebracht. Sogar in meinem eigenen Zuhause galt ich als jemand, der sich von anderen abhebt und sich hingibt, dessen Anwesenheit Gnade bringt und dem jeglicher Kontakt mit den alltäglichen und kleineren Problemen des Lebens erspart bleiben sollte. Cousine Maud, die immer mit hallendem Schritt und lauter Stimme die Treppe hinaufgestiegen war, ging jetzt leise in ihren Schuhen umher, und wenn sie rief oder sprach, war es leise und kaum zu hören.

Was mich betrifft, ich habe das alles weder gesehen noch gehört. Es hat mich nicht dankbar gemacht und auch nicht dazu beigetragen, mich zu trösten.

Für mich waren alle Dinge gleich, sogar die gnädigen Ermahnungen der Königin. Die fleißige Demut von Groß und Klein gleichermaßen in ihrem Verhalten ließ mich in Wahrheit erschrecken; Manchmal kam es mir so vor, als wäre es Verachtung.

Für meinen Geliebten, wenn überhaupt für einen Menschen, könnten sich die Tore des Himmels öffnen; Dennoch war er ohne Opfergabe oder Sakrament gestorben, und ich konnte es nie ertragen, fern zu sein, wenn Messen für die Erlösung seiner Seele gefeiert wurden. Nein, und ich ging gern in Kirchen und Kapellen, da ich dort vor der Rede der Menschen sicher war. Alles, was das Leben von mir geben oder verlangen konnte, interessierte mich nicht mehr.

Hätte man von Anfang an von mir verlangt, mich aufzuraffen und meinen Willen zu beugen, wäre es mir vielleicht nicht so schwer ergangen. Der erste Einsatz meiner Kräfte wirkte wie ein Zauber. Das Bedürfnis zu handeln stellte die Handlungskraft wieder her: und eine neue und bittere Erfahrung, die sich nun ereignete, war wie ein Schluck Wein und ließ mein schweres Herz wieder höher und gleichmäßiger schlagen. Eigentlich nichts , aber eine große Sache hätte mich aus diesem dumpfen Halbschlaf erwecken können; Es ließ auch nicht lange auf sich warten, da die Sicherheit und das Leben meines Bruders Herdegen in Gefahr waren. Diese Gefahr entstand aus der Tatsache, dass nicht lange vor dem Waffendurchgang bei Altenperg der

Friede des Reiches trotz strenger Verordnungen unter den Augen Seiner Majestät durch blutige Kämpfe und des Kurfürsten Konrad von vielen Male gebrochen worden war Maintz war Hand in Hand mit dem Brandenburger gegangen, um Seine Majestät zu bitten, in dieser Angelegenheit ein Exempel zu statuieren. Diese beiden waren ebenfalls die mächtigsten aller Wähler; Der geistliche Fürst war am Ende des Reichstages zum Reichsvikar ernannt worden, und er von Brandenburg war Oberbefehlshaber aller kaiserlichen Armeen. Und seine Stimme war in dieser Angelegenheit von besonderem Gewicht, da die große Freundschaft, die ihn bis dahin mit dem Kaiser verbunden hatte , in letzter Zeit stark abgekühlt war und Seine Majestät sowohl vor als auch während der Landtagssitzung deutlich gespürt hatte, welche Macht der Brandenburger hatte er bewältigen konnte, und mit welchen ernsten Problemen er selbst konfrontiert war.

Herdegen -Angelegenheit mit äußerster Strenge durchgeführt werden sollte , war es nicht, wie viele meinten, ein Grund, dass der König nicht mit unserem Wohl einverstanden war Stadt und den ehrwürdigen Rat, und dass er seinen Zorn gerne am Sohn einer ihrer Patrizierfamilien auslassen würde, aber im Gegenteil, dass Seine Majestät, die jede Niedrigkeit hasste, die Nachricht von Herdegens blutigen Taten in Padua und seiner Wildnis gehört hatte Wege in Paris. Ebenso war Seiner Majestät zu Ohren gekommen, dass er sich fälschlicherweise zwei Mädchen angeschlossen hatte. Ja, und mein Großonkel hatte König Sigismund wissen lassen, dass Ursula, die dem Kurfürsten seit ihrer Kindheit bekannt war, aus Verzweiflung über Herdegens Treubruch dazu getrieben worden war, dem kranken böhmischen Ritter Sir Franz die Hand zu reichen von Welemisl .

Außerdem war Ritter Johann von Beust , Vater des Junkers Henning, nach Nürnberg gereist, um seinen verwundeten Sohn zu besuchen; und während er von den Freunden seines Sohnes am Krankenbett viele Dinge erfuhr, bat er den Kurfürsten eindringlich, die Sache herbeizuführen, damit der Feind des Junkers gebührend bestraft werden sollte.

Mein Herr Kurfürst hatte der brandenburgischen Ritterschaft schon oft die Zähne gezeigt und sich auf Recht und Gerechtigkeit berufen, wenn er mit den Bürgern teilgenommen und den überheblichen Stolz der Adligen gedemütigt hatte. Es war nun seine Aufgabe zu zeigen, dass er nicht zulassen würde, dass edles Blut ungerächt vergossen würde, selbst wenn dies durch die teuflische Geschicklichkeit eines Bürgers geschehen würde; denn wenn er es tatsächlich täte, würden alle Menschen dadurch wissen, dass er der Erzfeind der brandenburgischen Adligen war und sie so streng im Griff hatte, nicht aus Gerechtigkeit, sondern aus purem Hass und Böswilligkeit.

Als ich eines späteren Tages den alten Ritter mit seinem rötlichen Stahlfressergesicht und dem großen Lippenbart sah, wurde mir erzählt, dass er in seiner Jugend ein tapferer Freibeuter und Straßenräuber gewesen sei, der aufgrund seines Reichtums und seiner Macht sich zu einer tragenden Stütze des Kurfürsten in der Altmark gemacht hatte , konnte ich mir gut vorstellen, wie seine Drohungen geklungen hatten und dass alle Männer schnell bereit waren, seinen Worten Gehör zu schenken. Doch der gerechte König, dem er Herdegen vorwarf , hörte von Rochow und den anderen Zeugen; Sie konnten nur erklären, dass alles durch die Herrschaft geschehen sei und dass Rochow von Anfang an gesagt habe, dass mit Sicherheit der Teufel selbst Herdegens Schwert geführt habe. Muschwitz war sich tatsächlich sicher, dass er gesehen hatte, wie seine Klinge Feuer aufblitzen ließ. Daraufhin forderte der Vater die Majestät des Königs dringend auf, meinen Bruder festzunehmen, ihn zum verbannten Gesetzlosen zu erklären und ihn mit dem Tode zu bestrafen, wenn seine Person gefangen genommen werden sollte.

All dies erfuhr ich erst einige Zeit später, da die Leute meinem gegenwärtigen Kummer keinen neuen Grund zur Trauer hinzufügen wollten.

Der Weg, den ich ging, konnte nirgendwohin führen, außer in den Wahnsinn oder ins Kloster; Ich hatte so den Verstand verloren, dass ich bedauerte, meinen Teil für meinen Bruder getan zu haben, als ich Ihre Majestäten demütig um ihre gnädige Begnadigung gebeten und mit meinem Namen bestimmte Petitionen zugunsten des Angeklagten unterschrieben hatte. Tatsächlich wusste ich noch nicht, in welcher Gefahr er schwebte, und erkundigte mich selten nach ihm, als Onkel Conrad mir versichert hatte, dass er in einem sicheren Versteck liege.

Manchmal kam es mir tatsächlich so vor , als ob Ann und die anderen etwas vor mir verborgen blieben; Aber selbst die Sorge, nachzufragen, war von mir verschwunden, und ich hatte nichts anderes im Sinn, als in Ruhe gelassen zu werden. Und so blieben die Dinge, bis Gerüchte laut wurden und mich aus meinem bleiernen Schlaf weckten.

Ich hatte den Tag allein verbracht und mich geweigert, unsere edlen Gäste zu sehen; Ich saß schweigend und träumend neben meinem Spinnrad, das ich schon lange nicht mehr drehte, als plötzlich schwere Schritte und zornige Stimmen auf der Treppe zu hören waren. Die Tür des Zimmers wurde aufgerissen, und trotz des Widerstands der alten Susan kamen einige Büttel aus der Stadt herein, mit zwei von den Bewaffneten des Kaisers . Mein Cousin war nicht zu Hause, wie es in letzter Zeit üblich war, und ich war verärgert und betrübt, dass ich so unangenehm überrascht wurde. Ich erhob mich, um den Fremden entgegenzutreten, und fragte scharfsinnig, mit welchem Recht sie den Frieden im Hause eines Nürnberger Patriziers brachen. Darauf antwortete ihr Chef rundheraus, dass er auf Befehl Seiner Majestät und der Stadtbehörden hier sei, um sich zu vergewissern, ob Junker

Herdegen sei Schopper , der vor der Reichsacht geflohen war, hielt sich im Hause seines Vaters versteckt. Anfangs war es alles, was ich tun konnte, um mich vor dem Sturz zu retten; aber ich fand bald Mut und Mut. Ich versicherte den Gerichtsvollziehern, dass ihre Suche vergeblich sein würde, obwohl ich ihnen freie Hand ließ, alles zu tun, was ihr Amt von ihnen verlangte, nur um zu bedenken, dass hohe Persönlichkeiten Gäste im Haus waren; Und dann holte ich tief Luft und mir kam es vor , als sei ich ein vergessenes und in einem brennenden Haus zurückgelassenes Kind, das seinen Vater auf sich drängen sieht, um es zu retten.

Bisher hatte mir niemand gesagt, welches Schicksal meinem Bruder drohte, und jetzt, da ich es wusste, ergänzte ich hastig die Bedeutung mancher Worte, denen ich nur ein halbes Ohr geliehen hatte. Die häufige Abwesenheit meiner Cousine im Gerichtssaal, Anns tränenüberströmte Augen und seltsame Miene und viele andere Dinge waren mir jetzt völlig klar.

Mein neu erwachter Geist und meine wiederhergestellte Macht behaupteten ihre Rechte, und wie in den alten Tagen konnte keiner zufrieden sein, bis er mit Gewissheit wusste, was er tun würde.

Während Susan und die anderen Bedienungen zusammen mit einigen von unseren Gästen mitgebrachten Gefolgsleuten das Haus durchsuchten, zog ich hastig meine Schuhe und Kleidungsstücke für den Außenbereich an, und obwohl es schon dämmerte, ging ich hinaus. Ja, und ich hielt meinen Kopf hoch und meinen Körper gerade, während ich durch die Straßen ging, während ich in den vergangenen Wochen herumgeschlichen und den Kopf hängen ließ; Mir kam es so vor, als hätte sich sowohl mein äußerer als auch mein innerer Mensch verändert. Und als ich mit langen, schnellen Schritten Pernharts Haus erreichte, hätten mich mehr Leute als das gesehen, was ich in Wahrheit war: ein gesundes junges Geschöpf, das noch eine lange Lebensspanne vor sich hatte und voller Kraft und Elan genug war, um gute Dienste zu leisten , nicht nur für mich selbst, sondern für viele andere und vor allem für meinen innig geliebten Bruder.

Und als ich am Ende meines Spaziergangs war und vor der alten Mutter stand, die nun von ihrer Krankheit genesen war und mit ihrem jüngsten Enkelkind auf dem Schoß aufrecht und gesund in ihrem Sessel saß, wusste ich sofort, dass ich zu mir gekommen war die richtige Person.

Die würdige alte Dame hatte nicht gezögert, zu bemerken, was mir fehlte; ja, wenn Cousine Maud sie nicht gebeten hätte, meine traurige Seele zu schonen, hätte sie mir längst offenbart, welche Gefahr über Herdegen schwebte . Ihr war nicht entgangen, dass meine erschöpfte Unterwerfung unter Krankheiten, die vielleicht nie wieder behoben werden konnten, meine Kraft und meinen Willen gebrochen hatte, das Gute zu verwirklichen, das in mir steckte. Und nun stand ich vor ihr, befreit von dieser schlafwandelnden

Willensdämpfung , begierig darauf, die ganze Wahrheit zu erfahren, und erklärte mich bereit, alles zu tun, was in mir lag, um nur eines zu erreichen, nämlich meinen Bruder zu retten. Daraufhin erfuhr ich aus den Lippen der ehrwürdigen Dame, dass ich nun tatsächlich die alte Margery sei, obwohl Cousine Maud dies in letzter Zeit aus gutem Grund bestritten hatte; Und die alte Frau hatte recht, denn je schrecklicher und unüberwindlicher die Gefahr schien, desto mehr wuchs mein Mut und desto größer wurde mein Geist. Jetzt hörte ich auch, dass das, was ich bei Ann für liebeskranke Schwäche gehalten hatte, nur allzu begründeter Herzschmerz war; und dass sie ihrerseits ebenfalls nicht untätig gewesen sei, sondern unter der Führung von Cousine Maud und Onkel Christian Himmel und Erde in Bewegung gesetzt habe, um ihrem Geliebten zu helfen, wenn auch leider! vergeblich.

In Wahrheit war die Sache so gut wie verloren; und Onkel Christian, der immer das Beste hoffte, machte kein Geheimnis daraus, dass Herdegen im günstigsten Fall in einem fernen Land ein neues Leben beginnen musste. Doch weder Ann noch ich waren geneigt, unseren Mut schwinden zu lassen, und zu dieser Zeit blühte unsere Freundschaft auf. Wir kämpften sozusagen Schulter an Schulter, Kampfgenossen, voller Liebe zueinander und voller Liebe zu meinem Bruder; Und als ich ihr Lebewohl sagte und sie gern mit mir nach Hause gehen wollte, waren alle, die im Haus des Kupferschmieds wohnten, der gleichen Meinung wie Menschen in einer belagerten Stadt, die kurz davor standen, nachzugeben, und dann plötzlich sah, wie sich die Verstärkungen mit wehenden Bannern und Trompetenschall näherten.

In Wahrheit musste ein kluger Kampf geführt werden; und die Festung, die von Tag zu Tag schwerer zu erobern war, war mein Lord Chief Constable, der Kurfürst Friedrich; sein Amtskollege, der Kurfürst von Mainz , setzte alles auf ihn, als Kardinal Branda, der Anns gütiger Gönner war, ihn um Gnade bat.

Bis ich zu dieser neuen Lebensaufgabe erwacht war, war ich trotz vieler gnädiger Gebote meiner Dame, der Königin, nie am Hof gewesen. Meine Bitten fanden keine Antwort, und als Königin Barbara mir auf meine Bitte hin Audienz gewährte, empfing sie mich zwar gnädig, wollte mir aber nicht zuhören. Sie würde gerne helfen, sagte sie, aber sie müsse sich, wie alle anderen, an die Gesetze halten; und schließlich gestand sie freimütig ein, dass ihr guter Wille gegen die Forderungen des Kurfürsten von Brandenburg scheitern würde. Die Größe dieses weisen und mächtigen Prinzen wurde uns noch am selben Tag deutlich vor Augen geführt, denn als Oberbefehlshaber des Kreuzzugs gegen die hussitische Häresie wurde ihm in der Kirche feierlich das Schwert des Kaisers verliehen des Heiligen Sebald . Es wurde ihm von ehrwürdigen Bischöfen umgürtet , nachdem er aus der Hand des päpstlichen Legaten ein Banner erhalten hatte, das Seine Heiligkeit selbst segnen ließ und das der Graf von Hohenlohe bei seinem Auszug vor sich her trug.

Dass es in einer solchen Zeit schwierig sein würde, mit einem so mächtigen Lord ins Gespräch zu kommen, war offensichtlich; Allerdings konnte ich mit seinem Kämmerer jedenfalls im Geheimen reden, und von ihm erfuhr ich, in welcher Gefahr mein Bruder schwebte, da nicht nur der Vater des Junkers darauf bedacht war, ihn aufs Äußerste zu bestrafen, sondern auch nicht wenige Nürnberger , den der überhebliche Stolz meines Bruders schon immer gekränkt hatte.

Jeder , der ihm jemals mit einem Buch unter dem Arm auf der Straße begegnet war oder ihn spät in der Nacht durch die erleuchtete Fensterscheibe über seinen Papieren und Pergamenten sitzen sah, war bereit, Zeuge seines Studiums des Buches zu sein schwarze Künste. So wurde der Fleiß, den er auf all seinen wilden Wegen stets bewiesen hatte, zu seinem Untergang gewendet; Und so verhielt es sich auch mit der großzügigen Freigebigkeit, die ihn immer ausgezeichnet hatte, denn die Armen, denen er statt eines dünnen Kupferstücks einen schweren Dukaten zugeworfen hatte, erzählten von der Unterstützung des Teufels, die er bekommen hatte, und wie dass die Münze in seiner Hand verbrannt war. Nein, und Eppeleins Prahlerei mit dem Gold, das sein junger Herr in Paris verschwendet und damit die Taschen seines Knechts gefüllt hatte, gab dieser bösen Verleumdung Gewicht. Viele hielten es für sicher, dass Satan selbst sein Schatzmeister gewesen sei.

So hatte sich aus einem leichten Wort, das der Ritter von Rochow zunächst als Redewendung ausgesprochen hatte , eine Anklage gegen ihn entwickelt, die schwer genug war, um die Ehre und Freiheit eines Mannes, der keine Freunde hatte, zu zerstören und ihn sogar zum Tode zu bringen Einsatz; und ich weiß ganz genau, dass sich mancher im Voraus darüber gefreut hat, dass er diesen herrschaftlichen Jüngling mit all seiner Tapferkeit in der Zipfelmütze stehen sah, die Zunge des Teufels um den Hals hängend, und inmitten der züngelnden Flammen sein Leben ausstoßen sah.

KAPITEL V.

Der Landtag war fast vorbei, doch hatten wir nichts zugunsten Herdegens erreichen können . Eines Tages ließ mir meine Waldtante, die all unsere Taten mit klugem Rat und herzlichem Wohlwollen begleitet hatte, die Nachricht zukommen, dass der Kurfürst Friedrich selbst, von dessen mächtigem Wort Herdegens Wohl und Wehe abhing , versprochen hatte, am nächsten Tag in der Loge vorbeizuschauen das Ende, damit er jagen konnte und wir sofort dorthin reiten sollten.

Als wir dort ankamen, war Seine Hoheit bereits gekommen und ausgezogen, um die Hirsche zu jagen; Deshalb folgten wir ihm heimlich, und auf ein Zeichen von Onkel Christian kamen wir aus dem Unterholz und stellten uns vor ihn. Obwohl er mit viel Fleiß und nicht geringer Gerissenheit versuchte, uns zu entkommen, ließen wir ihn nicht gehen und hielten mit ihm Schritt, wobei wir ihn so sehr bedrängten, dass er hinterher erklärte, wir hätten ihn wie ein gejagtes Tier in die Enge getrieben. Tatsächlich fiel es keinem Bären und keinem Dachs jemals schwerer, den Hunden zu entkommen, als in diesem Moment seine Augen und Ohren vor leuchtenden Augen und Frauenzungen zu verschließen, die Dame Love selbst beredt gemacht hatte. Darüber hinaus hätte meine Trauerkleidung, so getragen wie sie für einen Jugendlichen war, der in seiner Liebe über die meisten anderen gestanden hatte, jedes harte Wort auf seinen Lippen zurückgehalten; So wurde ihm erneut klar, dass Evas Macht noch nicht ganz verschwunden war. Doch waren wir weit davon entfernt, an eine solche Macht in uns selbst zu glauben, als wir vor diesem großen und mächtigen Herrscher erschienen, dessen männliche, ruhige und zugleich väterliche Würde ihn meiner Meinung nach majestätischer machte als den großen, aber unruhigen Kaiser.

Ich kann ihn sehen, wie er mit seinem bestiefelten Fuß auf dem Hals des Hirsches stand und sein edles Haupt mit seinen langen, glatten grauen Haaren drehte und uns mit seinen großen blauen Augen anstarrte, zuerst freundlich, dann aber mit Verärgerung und Wohlwollen. fast im Zorn.

Wir hielten unsere Hände fest auf unser Herz und versuchten, uns einige der Worte ins Gedächtnis zu rufen, über die wir nachgedacht hatten, mit der Absicht, sie zur Verteidigung von Herdegen auszusprechen . Und unsere Liebe und unser unerschütterlicher Vorsatz, Gnade und Barmherzigkeit für ihn zu gewinnen, kamen uns zu Hilfe; und während die erste Frage meines Herrn darin bestand, zu wissen, ob ich jene Herrin Margery Schopper sei, die mit seinem lieben Hans Haller verlobt worden war, verstarb sie viel zu früh, meine Augen füllten sich mit Tränen, aber die Erinnerung an die Toten gab mir Mut, so dass ich es wagte dem Blick des großen Mannes zu begegnen, und war richtig froh, als ich feststellte, dass mir die Worte, dic ich in meiner

Angst vergessen hatte, nun frei in den Sinn kamen. Ebenfalls Mir kam es so vor, als hätte ich Anns Ängste überwunden, indem ich meine eigenen Ängste überwunden hatte. Während sie blass und sprachlos gewesen war und sich an die Falten meines Kleides geklammert hatte, trat sie jetzt kühn an meiner Seite hervor.

Als ich sie dann seiner Hoheit als Herdegens versprochene Braut vorstellte, in die er seit ihrer Kindheit verliebt gewesen war, machte ich Seiner Lordschaft klar, dass es nicht der Wunsch meines Bruders, sondern der meines Großonkels war, dies zu tun Ursula sollte seine Frau sein. Ebenso bemühte ich mich, meinen Bruder von der Pflicht zu entbinden, Gold zu machen, indem ich fleißig nachwies, dass der alte Ritter ihn jemals mit Dukaten überschüttet hatte, um ihn seinem Willen zu verführen. Dann sprach ich ausführlich über Herdegens Fähigkeiten im Umgang mit dem Schwert, und Ann erhob daraufhin die Kühnheit zu sagen, dass es gut wäre, ihren Geliebten in sicherer Verwahrung nach Nürnberg zurückzubringen, und ihn dort seine Fähigkeiten im Umgang mit einer besonders gesegneten Waffe unter Beweis stellen zu lassen von meinem Herrn Kardinal Julianus Caesarinus , dem Legaten des Papstes, der keinen Anflug von teuflischen Künsten haben konnte.

So brachten wir alles zum Ausdruck, was wir zuvor meditiert hatten; und obwohl der Kurfürst zunächst zornig antwortete und sogar so tat, als würde er uns den Rücken kehren, versuchten wir jedes Mal, ihn festzuhalten. Nein, sonst hätten wir aufgehört, er hätte seinen Fuß vom Hals des Hirsches genommen, und schließlich gingen wir mit ihm zurück zur Waldhütte, halb amüsiert, halb betrübt über die spöttischen Worte, mit denen er uns quälte. Dann forderte er uns auf, ihn zu verlassen, und versprach, dass er die Angelegenheit dieses jungen Verbrechers noch einmal untersuchen würde.

Drinnen war das Abendessen bereits fertig, aber wir hielten uns, wie es sich für uns gehörte, aus dem Weg. Der Fall meines Bruders war nun in sicheren Händen, da mein Onkel Conrad und Christian mit meinem Herrn am Tisch saßen. Auch wir waren sehr getröstet, als meine Tante uns erzählte, dass der ältere Ritter, Junker Henning von Beusts Vater, der hier in der Gefolgschaft des Kurfürsten war, aus freien Stücken zu ihr gesagt hatte, dass er seine Tat nun so heftig bereue Er beschuldigte Herdegen mit der Begründung, dass sein Sohn, der nun über alle Gefahr hinaus war, ihn dringend gebeten hatte, diesen Mann zu retten, dessen Geschicklichkeit wahrlich ein Wunder sei, und dass er, den Hans Haller mit seiner Freundschaft geehrt hatte, es nicht hätte praktizieren können schwarze Künste. Außerdem schätzte er mich als die verwitwete Magd, mit der sein Freund verheiratet werden sollte, und er konnte es sich nie verzeihen, wenn durch ihn oder seine Freunde und Verwandten neues Leid über mich kam.

All dies war in der Tat eine frohe Botschaft, nicht nur um Herdegens willen, sondern auch aus dem Grund, dass es kaum eine größere Freude gibt, als einen guten Grund zu finden, jemanden zu befürworten, den wir respektieren und an dem wir dennoch zu zweifeln begonnen haben.

Ann und ich gingen sehr getröstet und mit so gutem Herzen, wie ich damals nur sein konnte, in unser Zimmer, und als ich von dort aus Onkel Christians große Stimme hörte, so voller Fröhlichkeit wie immer, war ich sicher, dass alles für uns in Ordnung war am besten für Herdegen . Unsere letzten Ängste und Zweifel waren schon bald ausgeräumt; Während die Herren unten noch über ihren Tassen saßen, stapfte ein schwerer Fuß die Treppe hinauf, ein harter Finger klopfte an unsere Zimmertür, und Onkel Christians tiefe Stimme rief: „Schläft ihr rechtzeitig oder seid ihr noch wach, Mädchen?"

Woraufhin Ann, die Gutes ahnend, in der Freude ihres Herzens antwortete, dass wir schon lange süß geschlafen hätten, und mein Onkel lachte.

„Schön und gut", sagte er, „dann schlaf weiter und lass mich dir sagen, was dein nächster Traum sein wird: Du wirst mit uns allen draußen in einer grünen Wiese stehen, und ein kleiner Vogel wird singen: „ Herdegen wird von seinem Verbot befreit.' Darüber wirst du dich sehr freuen; aber mitten in deiner Freude wird ein Rabe aus einem dürren Ast krächzen: „Kann das sein! Das Gesetz muss eingehalten werden, und ich werde nicht zulassen, dass der Schurke ungestraft bleibt." Daraufhin wird der kleine Vogel wieder zwitschern: „Gut und gut, das wird ihm recht tun. Sei nur nicht zu streng mit ihm." Und wir werden alle dasselbe sagen, und daraufhin werdet ihr aufwachen."

Und er stapfte wieder die Treppe hinunter, und obwohl wir ihm nachweinten und ihn anflehten, uns mehr von der Sache zu erzählen, hörte er uns überhaupt nicht.

Als wir wieder zu Hause waren, hatte der Kurfürst viel getan, um uns zu helfen. Ich fand einen Brief vor, der auf mich wartete, versiegelt mit dem Siegel des Kaisers , in dem es hieß, dass mein Bruder Herdegen durch die Gnade und Barmherzigkeit Seiner Majestät von seiner Gesetzlosigkeit befreit, aber mit einer Geldstrafe von tausend ungarischen Dukaten als Schmerz verurteilt wurde Strafe.

Somit hatten der kleine Vogel und der Rabe beide recht gehabt. Als ich mich jedoch bald zum Schloss begab, um der Kaiserin meinen Dank auszusprechen, wurde ich abgewiesen; und tatsächlich war mir bereits gesagt worden, dass die traurige Margery mit ihren vielen Bitten heute Morgen bei Hofe mit anderen Augen betrachtet wurde als die andere fröhliche Margery, die mit Blumen und Liedern gekommen war, wann immer sie gebeten wurde. Niemand außer Porro, dem Narren, schien derselben Meinung zu sein wie eh und je; Als er mich im Schlosshof traf, begrüßte er mich sehr freundlich und als ich ihm die Nachricht im Brief des Kaisers erzählt hatte, flüsterte er mir zum Guten Tag zu: „Wenn ich einen Fuchs zum Bruder hätte, schönes Kind, Ich würde ihm raten, in seiner Deckung zu lauern, bis die Hunde wieder sicher zu Hause sind. In Ungarn traf ich einmal einen gewissen Kerl, der von einem Straßendieb getreten worden war, nachdem er seine Taschen geleert hatte. Ich sage Ihnen was. Ein Mann kann es durchaus sein Er verpfändet sein letztes Wams, wenn er dadurch ein größeres Wams erhält. Das erste muss er nie einlösen, und manchen Leuten wird es gegeben, aus den Sünden bescheidenerer Leute Golddukaten zu prägen. Ach! Wenn ich einen Fuchs zum Bruder hätte!"

Er sang sozusagen die letzten Worte vor sich hin und verschwand, als er einige Personen des Hofes erblickte.

Nun habe ich diese gut gemeinte Warnung so verstanden, wie sie gemeint war; und obwohl Ann und ich vor Sehnsucht schmerzten, Herdegen zu sehen und ihn aus seinem Versteck zu befreien, brauchten wir dennoch Geduld. Die Erziehungsberechtigten unseres Nachlasses übernahmen mit Zustimmung meines Onkels die Bürgschaft meiner Cousine Maud und erklärten sich bereit, die Strafe aus dem von unseren Eltern hinterlassenen Geld an die kaiserliche Schatzkammer zu zahlen. Und was danach folgte, zeigte uns, wie klug die Ermahnung des Narren gewesen war.

Der Ritter, Sir Apitz von Rochow , der als Stellvertreter von Junker Henning im Kampf gedient hatte, blieb noch in Nürnberg, und dieser unhöfliche, arrogante junge Mann hatte sich zunächst mit wahrer Liebenswürdigkeit der Fürsorge seines jungen Cousins gewidmet im Haus des Pfarrers in Altenpero und danach im Deutschhaus in der Stadt, dass er weder Tag noch Nacht geruht habe, bis der Vater des Junkers kam, und dann in heftiges Fieber geriet. Erst vor kurzem hatte ihm der Blutegel erlaubt, ins Freie zu gehen, und sein erster Spaziergang bestand darin, zu unserem Haus zu gehen, um mir seine Trauer über meinen Kummer zu zeigen und meiner Cousine für viele nette Kleinigkeiten zu danken, die sie ihm geschickt hatte die Junker während ihrer Krankheit, um sie zu erfrischen. Gleichzeitig brach er in lautem und unbändigem Zorn gegen Sir Franz von Welemis aus und gab uns zu verstehen, dass er ihm von ganzem Herzen die schöne Ursula gönnte, um deren Gunst er selbst seit den ersten Tagen des Jahres so eifrig geworben hatte Diät. Von unserem Haus aus ging er zu den Tetzels , und dann kam es zwischen ihm und dem Böhmen sogleich zu hohen Worten und trotzigen Blicken.

Kurz darauf und nur wenige Stunden nachdem die Strafe meines Bruders in die Staatskasse eingezahlt worden war, trafen sich die beiden jungen Herren in der Weinstube der Adligen beim Frohnwage , und von Rochow , vom

Wein erhitzt und weder auf Mäßigung noch auf Manieren achtend, begann Ursulas Verlobte zu verspotten. Nachdem er ihm gesagt hatte, dass er Herdegen die Aufgabe überlassen hatte, den Handschuh aufzuheben, „der seiner Meinung nach vielleicht aus zu schwerem Leder war", worauf der andere eine passende Antwort gab, fragte er nach, insofern es sich um eine Heirat handelte , ob die Kirche, die den Zusammenschluss nahestehender Verwandter verbietet, nicht auch die Macht hat, ein junges und blühendes Mädchen daran zu hindern, sich für immer an einen kranken Ehemann zu binden. Eine solche Unterhaltung war wegen der Anwesenheit des Böhmen dort unangenehm, und der Junker ging noch weiter, bis er auf eine Rede des alten Meisters Grolaud mit der Frage antwortete, was wohl die Pflicht eines Priesters sein könnte, wenn der kranke Bräutigam es versäumte wegen seines Hustens am Altar „Ja" sagen? Und während er sprach, warf er Welemisl einen herausfordernden Blick zu .

Das heiße Blut des Böhmen floss ihm ins Gehirn; oder jemals jemand ihn behindern konnte, steckte sein Messer bis zum Heft in der Schulter des anderen. Alle beeilten sich, dem Brandenburger zu helfen , und als sich bald einige umdrehten, um den Verbrecher zu ergreifen , war er nicht mehr zu sehen.

Diese schreckliche Tat erregte geradezu Bestürzung, und zwar vor allem am Hof, da der Kammerherr und die Hofdame, die die Personen Ihrer Majestäten pflegten, eng mit der Böhme verwandt waren, deren Mutter aus dem ungarischen Adelsgeschlecht Pereny stammte .

Der Kaiser geriet in große Wut und drohte, das Wappen des Mörders zu streichen und ihn mit dem Tode zu bestrafen. Noch nie war im Frieden seines Reiches, ja und vor seinen Augen so viel edles Blut in niederträchtigen Auseinandersetzungen vergossen worden wie hier in unserer nüchternen Stadt, und er würde sofort ein Exempel an den Schuldigen statuieren. Er wollte dem jungen Schopper eine Strafe auferlegen, die über eine bloße Geldstrafe hinausging, und dazu gelobte er sein königliches Wort, und was den jungen Welemisl betraf , hatte er vor, sich eine Strafe auszudenken, die so manchen allzu mutigen Ritter davon abhalten sollte, sein Schwert zu ziehen! Und er befahl, dass nicht nur seine eigenen Polizisten und Soldaten, sondern auch die Stadtverwalter diese beiden jungen Männer sofort suchen und mitnehmen sollten.

Nur zwei Tage später wurde Sir Franz von der Stadtwache hereingeholt; er hatte sich in die Kleidung eines Fuhrmanns gekleidet, sich aber in einem Wirtshaus in Schwabach durch sein Husten verraten. Allerdings war Seine Majestät inzwischen zu einer anderen Meinung gekommen; ja, Königin Barbara ließ ihm weniger Frieden als selbst das Hofvolk, denn tatsächlich war ihr Vater, Graf Cilly , eng mit den Perenys und durch sie mit den Welemis verwandt .

Der Kaiser Sigismund war ein edler und leichtlebiger Fürst, der einst, als er vierzigtausend Dukaten in seine stets leere Schatzkiste gesteckt hatte, diese sogleich unter seinen Freunden aufteilte und sagte: „Dafür werde ich nun wohl schlafen." der meine Ruhe zerstört hat, den du mit dir fortnimmst. Und dieser unbeschwerte Mann, der immer gegen seinen Willen hin und her geworfen wurde, sah nun, dass sein Frieden wegen Sir Franz in einer schlechten Lage war. Das war unerträglich; und während seine königliche Frau sich in einer glücklichen Stunde daran erinnerte, dass Welemisl durch Rochows Verachtung über alle Maßen provoziert worden war und die Tat nicht aus böser Absicht, sondern, vom Wein erhitzt, in plötzlicher Wut begangen hatte, und dass er insofern der Gnade würdiger war als der junge Schopper , der aus schuldhafter Absicht edles Blut vergossen hatte und auf seine Fähigkeiten als Schwertkämpfer vertraute, ergab sich der Kaiser nach eigenem Ermessen. Darin wurde er von seinem Geheimsekretär Caspar Slick bestätigt, den die Königin betrogen hatte; und dieser juristisch bewanderte Mann war bereit, eine Entscheidung zu treffen, der der kaiserliche Magistrat sofort bereitwillig zustimmte, als milde, aber dennoch ausreichende. Kurz gesagt, die Dinge waren wie folgt: Vor ungefähr zehn Jahren hatte der Ritter Sir Endres von Steinbach im Streit mit der Stadt einen Nürnberger Bürger getötet und anschließend unter dem Rat des Abtes von Waldsassen seinen Frieden mit dem Rat geschlossen : durch Einnahme auf sich selbst, als Akt der Buße, eine Pilgerreise nach Vach und nach Rom zu unternehmen, in vier Klöstern Steinkreuze aufzustellen und fortan der Stadt in jedem Streit in eigener Person mit einer Gemeinschaft von zehn Personen Dienst zu leisten Lanzen für die Dauer von zwei Jahren. Dies alles hatte er ordnungsgemäß getan, und es kam dazu, dass der Kaiser nun den Böhmen und meinen Bruder gleichermaßen dazu verurteilte, eine Pilgerfahrt zu machen, nicht nur nach Rom – sofern ihre Schuld größer war als die Steinbachs –, sondern auch nach Jerusalem, ins Heilige Grab und andere heilige Orte. Welemisl sollte die gleiche Geldstrafe zahlen, die Herdegen gezahlt hatte, und als Gegenleistung dafür, dass sie auf diese Weise das von ihnen vergossene Blut gesühnt hatten und ihre Opfer dem Tod entgangen waren, wurden sie vom Schicksal der Gesetzlosigkeit befreit. Nach der Rückkehr von ihrer Pilgerreise sollten ihnen ihr Rang und ihre Besitztümer sowie alle ihre Rechte, Herrschaften und Privilegien zurückgegeben werden.

Nicht lange nach der Verkündung dieses Urteils zog der Hof von Nürnberg über Regensburg, wo der Kaiser versuchte, seinen Streit mit dem Herzog von Bayern beizulegen, und dann nach Wien; Doch bevor er abreiste, erteilte er dem Obersten Richter den dringenden Befehl, dafür zu sorgen, dass die beiden Verbrecher ihre Pilgerreise nicht länger als vierundzwanzig Stunden nach der Verkündung ihres Untergangs fortsetzen sollten.

LESEZEICHEN DES ETEXT-HERAUSGEBERS:

Für mich war alles gleich.
Früchte und Kuchen und Süßigkeiten für die Kleinen zu Hause. Wären wir
nicht alle geborene Narren

www.ingramcontent.com/pod-product-compliance
Lightning Source LLC
LaVergne TN
LVHW041800190726
843493LV00008B/2723